Werner Haupt

KIEW –

die größte Kesselschlacht der Geschichte

PODZUN-PALLAS-VERLAG

VORBEMERKUNGEN DER REDAKTION

Die Kesselschlacht ostwärts von Kiew 1941 war voller Dramatik und gehörte zu den größten. Dramatisch war es weniger im Ablauf, als bei ihrer gedanklichen Vorbereitung sowie strategischen Auswirkung – und groß war sie weniger im Geschehen als nach der Gefangenenzahl.

Schon als sich die Schlacht "anbot", kam es zum Streit um die Folgen. Neben den Befürwortern (General der Artillerie Jodl mit dem Stab des OKW), die die relativ leichte Durchführung der Operation und die bald zu erwartenden Folgen sahen, gab es Warner und Kritiker (Feldmarschall v. Brauchitsch mit dem Stab des OKH sowie die Oberbefehlshaber der Panzergruppen 3 und 2, Hoth und Guderian). Sie hatten die Sorge, daß der hierdurch bedingte Zeitverlust nicht mehr die Einnahme Moskaus erlaubte, da der Winter mit seiner ab Oktober zu erwartenden Schlammperiode einen weiteren Zeitverlust bringe, und somit dem Russen zuviel Zeit zur Verteidigung der Stadt geben würde. Die einen sahen in der Gefangennahme und Vernichtung größerer feindlicher Kräfte einen kriegsentscheidenden Faktor, die anderen ihn mehr in der Einnahme der Hauptstadt mit ihrer Zentralfunktion (der Eisenbahnknotenpunkt der Sowjetunion!), großen Bevölkerungszahl und der dort angesiedelten Industrie.

Hitler entschied sich für den Plan des OKW und so kam es zur Schlacht – nach der Zahl der Gefangenen zur größten der Geschichte. Da aber auch die Kritiker recht behielten und Moskau nicht mehr erobert werden konnte, ging durch sie vielleicht der Feldzug gegen die Sowjetunion und somit der Gesamtkrieg verloren. Die Schlacht um Kiew zeigt typisch, wie Kräfte, Raum und Zeit das Wesen der Kriegsführung ausmachen, und welche strategischen Auswirkungen wichtige Operationen haben können.

Der vorliegende Pallas-Band beruht auf dem Buch "Kiew – die größte Kesselschlacht der Geschichte" des gleichen Autors. Zur Angleichung an die äußere Form der Reihe mußte dieses jedoch gekürzt und durch Fotos verstärkt werden. Über die Schlacht, ihre Vorbereitung und Auswirkungen sind auch sehr interessante Erinnerungen eines beteiligten Oberbefehlshabers und Warners sowie gute Fotos in dem im gleichen Verlag erscheinenden Buch "DAS WAR GUDERIAN – ein Lebensbericht in Bildern" zu finden.

Horst Scheibert

Podzun-Pallas-Verlag GmbH
6360 Friedberg 3 (Dorheim)
Druck und Einband: Ebner Ulm
Gesamtredaktion: Horst Scheibert
ISBN 3-7909-0129-6

DIE ERSTEN BEIDEN MONATE

Der Vormarsch der Heeresgruppe Süd

Die Weisung Nr. 21 – auch unter dem Namen "Plan Barbarossa" bekannt – vom 18. Dezember 1940 gibt der südlichen deutschen Heeresgruppe für den geplanten Angriff gegen die Sowjetunion folgenden Auftrag:

> "Bei der südlich der Pripjetsümpfe angesetzten Heeresgruppe ist der Schwerpunkt im Raum von Lublin in allgemeiner Richtung Kiew zu bilden, um mit starken Panzerkräften schnell in die tiefe Flanke und den Rücken der russischen Kräfte vorzugehen und diese dann im Zuge des Dnjepr aufzurollen. Der deutsch-rumänischen Kräftegruppe am rechten Flügel fällt die Aufgabe zu, den rumänischen Raum und damit den Südflügel der Gesamtoperation zu schützen ..."

Der Stab der Heeresgruppe Süd unter seinem Oberbefehlshaber Feldmarschall von Rundstedt befindet sich zu dieser Zeit noch in St. Germain bei Paris. Hier werden jetzt die ersten Aufmarschanweisungen und Befehle erlassen, die die Bereitstellung der zur Verfügung stehenden acht motorisierten und 29 infanteristischen Großverbände regeln.

Der Aufmarsch der Truppen selbst läuft bereits an und gestaltet sich ab März derart, daß zeitweise Straßen- und Eisenbahnwege restlos überlastet sind. Alle Planspiele haben ergeben, daß der Schwerpunkt für die Bereitstellung der Heeresgruppe im Raum Lublin liegen muß. Lediglich schwächere Infanterieverbände übernehmen die Sicherung entlang der Reichsgrenze am San.

Das Oberkommando der Wehrmacht hat inzwischen gültige Absprachen mit der ungarischen und rumänischen Armee getroffen. Danach übersichern ungarische Brigaden entlang der eigenen Grenze, während die rumänische Armee auf Zusammenarbeit mit der 11. deutschen Armee angewiesen ist. Die hier stehenden Truppen sollen erst an einem späteren Zeitpunkt an der Offensive teilnehmen.

Das Oberkommando der Luftwaffe stellt die Luftflotte 4 unter Generaloberst Löhr zur Zusammenarbeit mit der Heeresgruppe bereit. Der Auftrag für die fliegenden Verbände ist die Erringung der Luftherrschaft und die Unterstützung des vormarschierenden Heeres. Zwei Fliegerkorps und ein Flakkorps stehen für die Erfüllung dieser Aufgabe zur Verfügung.

Der Aufmarsch läuft seit Frühjahr 1941 auf Hochtouren. Die oberste militärische Dienststelle für den gesamten Südabschnitt ist vorerst das Armeeoberkommando 17. Das Heeresgruppenkommando selbst liegt zur Zeit noch in Breslau. Lediglich ein kleiner Führungsstab ist inzwischen in das Schloß Okocim unweit von Tarnow vorgeschoben. Feldmarschall von Rundstedt übernimmt erst am 22. April 1941 den Befehl über seine Truppen.

Der überraschend begonnene Feldzug der Wehrmacht gegen Jugoslawien und Griechenland im April 1941 hat keine Auswirkungen auf den Ablauf der Bewegungen zur Grenze. Nach der schnellen Beendigung des Feldzuges werden dann eilig die motorisierten und fliegenden Verbände nach Norden in ihre Bereitstellungsräume transportiert.

Infanterie auf dem Vormarsch durch die ukrainische Steppe. Während der Zugführer das Gelände beobachtet, warten seine Männer auf den Befehl zum Weitermachen.

Eine bespannte Munitionsnachschubkolonne folgt der vormarschierenden Truppe dichtauf. Das Bild stammt vom 21. Juli 1941.

Die ukrainische Bevölkerung begrüßt die einrückenden deutschen Soldaten mit großer Freundlichkeit ...

... während in den typisch russischen Dörfern die Bevölkerung eine scheue Zurückhaltung, Erstaunen und Bangen um die Zukunft zeigt.

Die Heeresgruppe Süd beendet praktisch Ende Mai ihre Bereitstellung zum Angriff. Die 6. Armee (Generalfeldmarschall von Reichenau) bezieht den Abschnitt zwischen Przemysl und Lublin. Ihre erste Aufgabe ist der Durchbruch durch die russischen Grenzstellungen bei Kowel, um den Panzertruppen freien Weg zu schaffen. Die benachbarte 17. Armee des Generals der Infanterie von Stülpnagel marschiert zwischen Przemysl und Tomaszow auf. Sie erhält den Auftrag, den Feind bei Lemberg zu schlagen und den Raum um Winniza zu gewinnen. Die Panzergruppe 1 (Generaloberst von Kleist) stellt sich hinter die inneren Flügel der beiden Armeen bereit, um nach erfolgtem Durchbruch der Grenzbefestigungen zum Angriff auf Kiew und den unteren Dnjepr anzutreten.

Der Karpathenraum wird vorerst von ungarischen Grenzschutzbrigaden bewacht, die sich zu einem späteren Zeitpunkt der Offensive anschließen müssen. In Rumänien sind inzwischen die 3. rumänische Armee westlich Botosani und die 4. rumänische Armee zwischen Barlad und der Pruthmündung aufmarschiert. Die 11. deutsche Armee des Generalobersten Ritter von Schobert stellt sich beiderseits Jassy bereit. Dieses Armeeoberkommando ist auf Zusammenarbeit mit der rumänischen Armee angewiesen und untersteht vorerst dem Oberbefehl des Marschalls Antonescu.

Die sowjetische Führung ist auf die deutsche Offensive vorbereitet. Die "Rote Armee" trifft bereits seit Beendigung des Westfeldzuges ihre Vorbereitungen, die auf eine militärische Auseinandersetzung mit dem Deutschen Reich hinauslaufen. Der Schwerpunkt ihrer Verteidigungsanlagen wird eindeutig auf die beiden Flügel verlegt. Der rechte Flügel wird gegenstandslos, nachdem es gelingt, in einem überraschenden Schlag die baltischen Republiken zu besetzen. Seit dem Frühjahr 1941 legt deshalb das Oberkommando der "Roten Armee" mehr und mehr sein Hauptaugenmerk auf den Südwestraum des Riesenreiches.
Generaloberst Kirponos, der befähigte Oberbefehlshaber des

"Kiewer Besonderen Militärbezirks" – so der amtliche russische Name – stellt seine Truppen deshalb mit Masse im Raum zwischen Jassy und Lublin auf. Er hat im Frühjahr 1941 die 5., 6., 9., 12. und 26. Sowjetarmee sowie die vier selbständigen mechanisierten Korps IV, V, IX und XV zur Verfügung.

Diese Verbände sind Anfang Juni in zwei großen Gruppen massiert. Die erste aus 46 Schützendivisionen, je drei Panzer- und mechanische Brigaden, nimmt zwischen Tschernowitz und Kiew ihre Bereitstellungen ein. Die zweite Gruppe sichert längs des Bugs und ist rückwärts bis zum Dnjestr gestaffelt. Sie besitzt 20 Schützendivisionen, drei Panzer- und sieben mechanische Brigaden.

Das russische Oberkommando erfährt am 20. Juni 1941 vom deutschen Angriff. Generaloberst Kirponos gibt noch am Morgen des 22. Juni, 2.30 Uhr, an alle seine Stäbe und Behörden den Befehl durch, jedem deutschen Angriff "mit allen zur Verfügung stehenden Mitteln zu begegnen!"

Doch da ist es schon zu spät. Denn, als die Uhren auf 3.05 Uhr an diesem Morgen zeigen, feuern hunderte von Batterien entlang des Bugs und Sans auf die erkannten russischen Befestigungsanlagen, Kasernen, Straßen und Eisenbahnlinien. Gleichzeitig rauschen die Motoren der ersten Fernkampfstaffeln durch die Luft, die ihre Bomben auf Verkehrswege und Flugplätze abladen.

Die am linken Flügel der Heeresgruppe angreifende 6. Armee sichert mit einem Korps gegen die Pripjetsümpfe. Die zwei anderen Korps schalten den Feindwiderstand im Grenzzipfel von Sokal aus, so daß bereits am Nachmittag des ersten Tages die vordersten Teile der Panzergruppe 1 über den Bug gezogen werden können.

Die 17. Armee soll im ersten Anlauf den Frontbogen von Lemberg säubern. Doch stoßen ihre angreifenden Korps auf solch energischen Widerstand der russischen Verteidiger, den niemand erwartet hatte. Die Divisionen verlieren teilweise in den ersten Stunden jeden Zusammenhalt, so daß Lücken bis zu zehn Kilometer Breite klaffen. Der geplante Handstreich auf die wichtigen Brücken von Przemysl gelingt gleichfalls nicht, so daß die Armee im großen ganzen über kleinere Anfangserfolge nicht hinauskommt.

Die russischen Verbände müssen allerdings überall die Grenzstellungen aufgeben und sich bis etwa 20 Kilometer hinter die bisherige Grenze zurückziehen.

Der neue Oberbefehlshaber der "Roten Armee" in Südrußland, Marschall Timoschenko, gibt am 23. Juni der Heeresgruppe "Südwestfront" – wie sich jetzt der "Kiewer Besonderer Militärbezirk" nannte – den Befehl zum Gegenangriff mit dem Ziel Lublin. Generaloberst Kirponos setzt geschickt seine mechanischen Korps zwischen Rowno und Brody gegen die Flanken der erkennbaren deutschen Angriffskeile ein.

Da aber macht sich der Durchbruch der Panzergruppe 1 bemerkbar. Das III. und XXXXVIII. AK.mot. haben bei Wladimir Wolynsk die feindliche Front zerrissen und stürmen unaufhaltsam nach Osten. Luzk kann bereits am 24. Juni genommen werden. Das XXXXVIII. AK.mot. ist bis Dubno vorgedrungen und schlägt in vier Tagen die Angriffe von drei russischen Korps zurück, wobei der Gegner 215 Kampfwagen verliert.

Generaloberst Kirponos erkennt am 27. Juni, daß er die Grenzschlachten verloren hat und ordnet den allgemeinen Rückzug seiner Verbände auf die Linie Korosten – Nowograd Wolynskij – Proskurow an. Das Oberkommando der "Roten Armee" hat inzwischen Generaloberst Kirponos entlastet, indem es in Bessarabien ein neues Heeresgruppenkommando "Südfront" aufstellt, das ausschließlich den Schutz gegen Ungarn und Rumänien übernehmen soll.

Eine Sondermeldung des Oberkommandos der Wehrmacht vom 29. Juni faßt die bisherigen Erfolge der Heeresgruppe Süd zusammen:

> "Gegen besonders ausgesuchte Verbände der Sowjetarmee fand der Kampf auf dem Frontabschnitt südlich der Pripjetsümpfe statt. In zähen, heldenhaften Angriffen wurden westlich Lemberg stärkste und neuzeitlichste Befestigungen bezwungen. Unsere Truppen sind jetzt in siegreichem Vordringen auf Lemberg selbst. Nördlich davon kämpfen sich deutsche Panzerdivisionen über Luzk nach Osten vor . . ."

Das Heeresgruppenkommando Süd löst in diesen Tagen die Panzergruppe 1 aus dem Unterstellungsverhältnis der 6. Armee. Diese Armee unter Feldmarschall von Reichenau kann noch nicht den Widerstand der 5. Sowjetarmee an und in den Pripjetsümpfen brechen und wird damit gebunden. Die Panzergruppe aber soll ihre Bewegungsfreiheit behalten und so schnell wie möglich zum Dnjepr stoßen. Die Panzergruppe schlägt die russische Abwehr entlang der Straße Luzk – Rowno und dringt in Rowno ein. Damit ist der Weg über Schitomir auf Kiew frei.

Mittlerweile hat auch die im Süden fechtende 17. Armee den Grenzwiderstand des Gegners gebrochen. Die 1. Geb.D. dringt am 30. Juni in Lemberg ein. Hier spielen sich kurz vor dem Einmarsch turbulente Szenen ab, da die ukrainische Freiheitsbewegung einen Aufstand durchführen will, der von den Sowjets blutig niedergeschlagen wird.

Das russische Oberkommando erkennt selbstverständlich die Situation und befiehlt in der ersten Juliwoche den Rückzug der eigenen Truppen auf die ehemaligen Landesgrenzen.

Nachdem das Oberkommando des Heeres die rückläufigen Bewegungen der russischen Heeresgruppe feststellt, erhält das AOK 11 in Rumänien den Befehl zum Angriff. Der Bericht des OKW meldet am 3. Juli: "Schulter an Schulter haben gestern deutsche und rumänische Verbände aus der nördlichen Moldau heraus den Pruth überschritten!" Doch die hier stehende 18. Sowjetarmee wehrt sich erbittert, so daß der deutsche Angriff erst am dritten Tag in Gang kommt. Rumänische und ungarische Kräfte stoßen in Bessarabien auf den Dnjestr vor und überschreiten diesen.

Zum erstenmal taucht in diesen Tagen das Wort "Stalinlinie" auf. Diese "Stalinlinie" ist aber keineswegs eine befestigte Stellung, sondern lediglich eine an Geländehindernisse gebundene Widerstandslinie quer durch das ehemalige russische Grenzgebiet. Das Oberkommando der "Roten Armee" befiehlt seinen beiden Heeresgruppen den Rückzug auf diese Linie, die eine Frontverkürzung um 500 Kilometer bedeutet. Die im Süden und in der Mitte stehenden russischen Armeen weichen deshalb Anfang Juli nach Osten aus, lediglich die im Pripjet-Gebiet fechtende 5. Armee bleibt in ihren Stellungen, die mitten zwischen Mooren und Sümpfen liegt und in deren Verteidigung die Russen unübertroffene Meister sind. Das OKH muß deshalb aus dem Abschnitt der Heeresgruppe Mitte Verbände lösen, um diese vom Norden her in das Sumpfgebiet vorgehen zu lassen, damit die 6. deutsche Armee eine Entlastung erfährt.

Die Frontlinie der Heeresgruppe Süd verläuft am 9. Juli in etwa folgender Stellung von Nord nach Süd: Das XVII. AK. steht in breiter Front südlich Sarny am Horyn. Das XXIX. AK. befindet sich nordostwärts davon. Das III. AK.mot. nähert sich Schitomir, rechts davon hat das XXXXVIII. AK. mot. Berditschew umgangen und gewinnt die Eisenbahnlinie südlich von Schitomir. Das LV. AK. rückt auf Ljubar vor. Das XIV. AK.mot. dringt südlich davon in nordostwärtiger Richtung weiter. Das XXXIX. Geb.K. und das III. AK. gehen auf breiter Front in Höhe Prosskurow nach Osten vor. Hier ist der Anschluß an das VIII. ungar.K. hergestellt.

Der Südflügel hat nun gleichfalls aufgeschlossen. Die beiden rumänischen Korps marschieren südlich Kamenez Podolsk auf. Das daneben vorgehende IX. AK. erreicht das Vorfeld von Mohilew. Das XXX. und LIV. AK. schließen an den Dnjestr heran, den sie bis Mitte Juli auf ganzer Breite gewinnen und überwinden.
Der Durchbruch durch die "Stalinlinie" erfolgt bis 9. Juli, wenn auch unter schweren Verlusten, an allen Frontstellen. Die Panzerdivisionen sind weit voraus, nehmen Berditschew und Hulsk, Broniki und Schitomir. Daraufhin erhält die Panzergruppe 1 den Befehl: ". . . sich bei Kiew in den Besitz eines tiefen Brückenkopfes ostwärts des Dnjepr als Basis für die Fortführung ostwärts des Stromes zu setzen!"
Damit ist Kiew das nächste Ziel der Heeresgruppe!

Das III. AK.mot. (General der Kavallerie von Mackensen) erreicht als Spitzenkorps bereits am 10. Juli den Irpen-Abschnitt und steht damit direkt im Vorfeld der ukrainischen Hauptstadt. Das Korps selbst hat bis zu diesem Tag 14.480 Gefangene eingebracht, 868 Feindpanzer und 472 Geschütze vernichtet.
Als das Ziel schon greifbar nahe liegt, mischt sich das OKH ein. Hitler verlangt jetzt, daß die Panzergruppe 1 nicht mehr Kiew nehmen muß, sondern die noch weit zurückstehenden russischen Verbände einkesseln soll. Gegen Kiew soll lediglich eine Abdeckungsfront verbleiben, die später durch Infanteriedivisionen gebildet wird.
Feldmarschall von Brauchitsch, der Oberbefehlshaber des Heeres, der sich zur Zeit im Hauptquartier der Heeresgruppe Süd befindet, ist von dieser Hitler'schen Anordnung überrascht und erhebt sofort energischen Protest. Doch Hitler geht über den Einwand seiner Feldmarschälle hinweg und beharrt auf seinen Standpunkt.

Das III. AK.mot erhält einen neuen Befehl und muß jetzt den Flankenschutz im Osten für die noch weit zurückstehenden und langsam aufmarschierenden Infanteriekräfte übernehmen. Damit ist endgültig die Chance vertan, Kiew im

Handstreich zu nehmen! Die Stadt selbst ist inzwischen von den russischen Befehlsstellen in den Verteidigungszustand versetzt worden. Arbeiter und Zivilisten werden zu Schanzarbeiten aufgerufen, Jugendverbände bilden erste schlecht bewaffnete Milizeinheiten, die diese Gräben besetzen. Die ersten Industriebetriebe verlegen nach Osten.

Stalin setzt am 10. Juli Marschall Budjenny, den alten Haudegen aus dem Bürgerkrieg, zum Oberbefehlshaber über die gesamte Südfront ein. Als Kriegskommissar, der für die politische Schulung der Armee und für den Einsatz der Zivilbevölkerung verantwortlich ist, erhält er den KP-Politkommissar Nikita Chruschtschow, der später Ministerpräsident der Sowjetunion werden soll.
Marschall Budjennys erster Befehl lautet: "Keinen Fußbreit mehr zurück. Halten und Gegenangriff!" Schon am ersten Tag führen die 5. und 6. Sowjetarmee diesen Befehl aus und greifen zwischen Korosten und Malin die vorgeprellte Panzergruppe 1 an. Die deutschen Verbände geraten in schwierige Lage und müssen sich nach allen Seiten verteidigen, da jetzt auch die russische Luftwaffe zum erstenmal mit überlegenen Kampf- und Schlachtfliegerverbänden in die Kämpfe eingreift. Fünf Tage lang toben die erbitterten Kämpfe zwischen Korosten und Berditschew, dann sind die Gegner geschlagen!
Die russische 5. Armee weicht nach Korosten und Malin zurück. Da zur gleichen Zeit die deutschen Verbände bei Berditschew erneut zum Angriff übergehen, gewinnt die Panzergruppe 1 endlich ihre Bewegungsfreiheit zurück. Das III. AK.mot. greift Fastow an, das XIV. AK.mot. rückt auf Biala Zerkiew vor, während das XXXXVIII. AK.mot. über Berditschew nach Kasatin durchbricht. Damit ergibt sich eine außerordentlich günstige Lage, da 17. und 11. Armee noch weit im Westen zurückstehen, während die Panzergruppe die russischen Verteidiger im Norden überflügelt hat.

Die Panzergruppe 1 erhält den Befehl zum Angriff nach Süden, um die vor den Armeen kämpfenden Feindkräfte einzukesseln. Für die Abschließung Kiews ist jetzt das AOK 6 verantwortlich.

Die Armee des Feldmarschalls von Reichenau hat bis zu diesem Zeitpunkt noch keine Verbindung zur Nachbararmee der Heeresgruppe Mitte. Eine Lücke von 250 Kilometer Breite trennt beide Armeen. Die 5. Sowjetarmee steht immer noch mit drei Schützen- und drei Panzerkorps in dieser Lücke und muß zuerst geschlagen werden, ehe eine Verbindung über die Pripjetsümpfe hinweg hergestellt werden kann. Das Heeresgruppenkommando befiehlt am 17. 7. der 6. Armee den Angriff, um die 5. Sowjetarmee auf den Dnjepr zurückzudrücken.
Die Armee tritt auf breiter Front an. Doch aus dem Angriff wird nur ein meterweises Vorwärtskämpfen. Die Sowjets wissen sich geschickt und energisch zu verteidigen. Die Heeresgruppe befiehlt deshalb am 9. August das Einstellen der Angriffsbewegungen und das Übergehen der 6. Armee zur Verteidigung. Die 6. Armee muß sogar das IV. AK. zur Panzergruppe 1 abgeben, da sich hier inzwischen eine Schlachtentscheidung größten Stils anbahnt.

Das OKH hat inzwischen aus der günstigen Lage der vorgestoßenen Panzergruppe einen Beschluß gefaßt und befiehlt den weiteren Angriff der Panzergruppe am Westufer des Dnjepr mit dem Ziel Dnjepropetrowsk und Nikolaew.
Da greift wieder Hitler persönlich ein und befiehlt anstelle der weiträumigen Operation eine Operation mit begrenztem Raum in Richtung Uman.
Die Heeresgruppe erläßt daraufhin folgende Aufmarschanweisungen für die einzelnen Armeen:

> "11. Armee: Bugabschnitt Wossnesenssk – Perwomaisk, später Kriwoi Rog
> 17. Armee: Kirowograd, später je nach Entwicklung der Lage Kriwoi Rog oder Dnjepropetrowsk
> Pz.Gruppe 1: Richtung Aleksandrija, später entweder Saporoschje – Dnjepropetrowsk oder Krementschug – Dnjepropetrowsk

6. Armee: bereinigt Lage bei Korosten, nimmt Gebiet westlich und südlich Kiew in Besitz, später über Dnjepr Richtung Poltawa"

Doch ist inzwischen die Umfassungsschlacht um Uman angelaufen, die sich bis zum 21. Juli bereits so weit entwickelt hat, daß Marschall Budjenny die drohende Gefahr für seine Armeen erkennt und am 24. Juli den Rückzug nach Osten befiehlt. Hitler gibt am selben Tag der Panzergruppe 1 den direkten Befehl, mit der Masse auf Uman durchzustoßen, um dort der 17. Armee die Hand zu reichen.

Nach einer Woche andauernden Marschierens bei strömendem Regen und sengender Julisonne, in fortwährenden Kämpfen mit einem fanatischen Gegner und in steter Überwindung der schlechten Wege, können sich am 2. August an der Ssinjucha die Spitzen der 9. P. D. und der 1. Geb.D. die Hände reichen. Der Kessel um Uman ist geschlossen!
Der Bericht des OKW meldet eine Woche später:

> "Wie bereits durch Sondermeldung bekanntgegeben, haben in der Ukraine deutsche Truppen unter der tapferen Mitwirkung ungarischer Verbände einen großen Erfolg errungen. In der Schlacht von Uman wurden die 6. und 12., sowie Teile der 18. sowjetischen Armee – insgesamt 23 Schützen-, Gebirgs- und Panzerdivisionen – vernichtet. Über 103.000 Gefangene, dabei der Oberbefehlshaber der 6. und 12. Armee, fielen in unsere Hand. 317 Panzerkampfwagen, 858 Geschütze, 242 Pak- und Flakgeschütze, 5.250 Lastkraftwagen, 12 Eisenbahnzüge und zahlloses sonstiges Kriegsmaterial wurde erbeutet. Die blutigen Verluste des Feindes betragen mehr als 200.000 Mann."

Die deutschen Verbände lösen sich nach der Schlacht von Uman und dringen, ohne größeren Widerstand zu finden, in breiter Front auf den Dnjepr vor, der in der dritten Augustwoche zwischen Kiew und Krementschug erreicht ist.

Dnjepropetrowsk wird am 22. August von der SS-Division "Wiking" genommen und hier ein kleiner Brückenkopf gebildet.
Die 11. Armee ist inzwischen mit allen Korps am Bug eingetroffen, stößt am 16. August nach Nikolaew hinein, während die SS-Leibstandarte von Norden auf Chersson vorrückt, das am 19. 8. in deutsche Hand fällt. Damit ist praktisch der gesamte Dnjepr-Abschnitt erreicht. Die Russen halten lediglich noch bei Tscherkassy einen Brückenkopf auf dem Westufer des über 1.000 Meter breiten Flusses. Dieser wird in den nächsten beiden Tagen vom XXXXIV. AK. eingedrückt und geräumt.

Nur noch Kiew ist vom Russen besetzt. Generaloberst Kirponos hat – während die Schlacht um Uman tobt – die Stadt zu einer uneinnehmbaren Festung ausgebaut. Er selbst schlägt sein Hauptquartier in Browary, ostwärts von Kiew auf und überträgt dem AOK 37 die Verteidigung der Metropole der Ukraine. Das Armeeoberkommando verfügt in der letzten Augustwoche über vier Schützendivisionen und fünf Milizbrigaden.
Diesen starken Verbänden liegt lediglich das XXIX. deutsche AK. (General der Infanterie von Obstfelder) gegenüber. Das Korps erhält am 8. August den Befehl zum Angriff auf die Stadt. Doch dieser Angriff kommt überhaupt nicht voran und wird nach vier Tagen vom Heeresgruppenkommando abgebrochen.

Die Heeresgruppe Süd ist voller Sorge, wie sie die ihr mit Weisung des OKH vom 12. August gegebenen neuen Angriffsziele erreichen soll. Als Ziele sind noch vor Einbruch des Winters genannt: Fortnahme der Krim und des Industrie- und Kohlengebiets am Donez sowie die Abschnürung der russischen Ölzufuhr aus dem Kaukasus. Die notwendige Sicherung der Nordflanke für diese gewaltige Operation wäre die Vernichtung der russischen Kräfte bei Kiew. Das Heeresgruppenkommando weiß, daß diese Aufgabe mit den derzeitigen Kräften nicht gelöst werden kann.

Diese schwerwiegende Frage löst sich aber von "selbst". Die nördlich der Pripjetsümpfe vorgehende Heeresgruppe Mitte des Feldmarschalls von Bock steht weit im Osten und hat die gewaltigen Sumpfgebiete längst hinter sich gelassen. Das russische Oberkommando nimmt an, daß die Heeresgruppe Mitte unaufhaltsam nach Osten in Richtung Moskau vorstoßen wird. Deshalb konzentriert die "Rote Armee" alle ihre Verbände vor der Front der Heeresgruppe Mitte und läßt die tiefgestaffelte Südflanke der Heeresgruppe außer acht.
Daraus ergibt sich die Situation, daß weit hinter der Heeresgruppe Mitte noch die gesamte Heeresgruppe "Südwestfront" liegt, die die Gefahr im Norden von ihr nicht beachten kann. Diese einmalige militärisch-günstige Lage erkennt Hitler, der von nun an fasziniert auf den Südabschnitt der Ostfront blickt.

Ein typisches Foto vom Sommer 1941. Deutsche Panzer formieren sich zum Angriff (Bereitstellung).

Dieses ukrainische Dorf, das noch von einem stalinistischen Triumphbogen geziert ist, wird Sitz eines Generalkommandos.

MOSKAU ODER UKRAINE

Der Machtkampf Hitler — OKH

Der 21. August 1941 gilt als der Wendepunkt der ersten Phase des Ostfeldzuges. Hitler erläßt an diesem Tag die Weisung Nr. 35, die den drei Heeresgruppen die strategischen Ziele bis zum Einbruch des Winters nennt. Die bisher als Schwerpunkt angesehene Heeresgruppe Mitte wird geschwächt und muß einen großen Teil ihrer schnellen Verbände nach Norden und Süden abgeben. Damit verliert Moskau, das seit den ersten Planentwürfen zu diesem Feldzug das alleinige Ziel der Offensive war, seine Bedeutung. Leningrad und Ukraine sind die befohlenen Richtungen. Die Heeresgruppe Süd übernimmt den Schwerpunkt der deutschen Operationen.

Der 21. 8. und die an ihm entstandene Weisung Nr. 35 sind nun nicht „Hals über Kopf" zum Wendepunkt des Ostkrieges geworden. Überlegungen, Recherchen, Pläne, Vorschläge, Anordnungen für einen neuen Ansatz der deutschen Heeresgruppen sind schon wenige Tage nach Beginn des Feldzuges bei OKW und OKH erörtert worden.

Diese Tatsache beleuchtet kraß, daß weder bei OKW noch bei OKH überhaupt feste Pläne, Richtlinien, Direktiven und Befehle vorlagen, nach denen die einzelnen Armeen diesen Feldzug durchzufechten hatten. Damit ist gleichzeitig bewiesen, daß das deutsche Heer von seiner Führung nur mangelhaft vorbereitet in den „größten Feldzug der Geschichte", bei dessen Beginn laut Hitler „die Welt den Atem anhalten" sollte, geschickt wurde.

Heeresgruppen und Armeen müssen nämlich schon kurz nach Beginn des „Unternehmens Barbarossa" praktisch „von der Hand in den Mund" leben. Sie operieren nur noch nach den gerade eintretenden strategischen Lagen und Gegebenheiten und nicht nach einem lange vorbereiteten und in vielen Planspielen bis zur letzten Konsequenz durchdachten und durchgearbeiteten Plan. Dies zeigt sich deutlich an dem unglückseligen Ansatz der Pz.Gruppe 4 durch das Sumpfgelände südlich und nordwestlich des Ilmensees und an dem kräftezehrenden Verhalten der 6. Armee im Pripjetgebiet.

Dieses Operieren am kurzen Zügel findet seinen Niederschlag in den Besprechungen, die ab Mitte Juli im OKW und OKH betreffs Weiterführung des Feldzuges abgehalten werden. Generalstabschef Halder schreibt unter dem 12. 7. z. B. in sein Tagebuch: „Ich hänge durchaus nicht an dem Gedanken des Weitereilens der beiden Panzergruppen der Heeresgruppe Mitte nach Osten. Ich kann mir sehr gut vorstellen, daß Hoth (Pz.-Gruppe 3) mit erheblichen Teilen nach Norden ... und Guderian (Pz.Gruppe 2) nach Süden eindrehen muß, um ... vielleicht sogar ... bis in den Bereich von Kiew herunterzustoßen ..."

Hitler selbst neigt in den nächsten Tagen mehr und mehr dazu, Leningrad den Vorrang einzuräumen. Diese Überlegung verkündet er in der Weisung Nr. 33 vom 19. 7. (OKW/WFSt/Abt. L — I Op — Nr. 441 230/41 gK Chefs). Danach hat die Heeresgruppe Mitte, die bisher als einziger Großverband ihr erstes Operationsziel erreichte, schnelle Verbände nach Norden und Süden abzugeben und die „Fortsetzung des Vormarsches auf Moskau mit Infanterieverbänden" vorzunehmen.

Ergänzungsbestimmungen zu dieser allgemein gehaltenen Weisung erfolgen vier Tage später. Diese Bestimmungen geben der Heeresgruppe Süd eine vollkommen neue Angriffsrichtung. Der

Schwerpunkt aller weiteren Operationen wird eindeutig in den Südabschnitt verlegt. Wörtlich lautet die Bestimmung:

> „Sobald es die operative und Versorgungslage erlaubt, ist ostwärts des Dnjepr die Pz.Gruppe 1 und 2 unter der 4. Pz.-Armee zusammenzufassen, um, gefolgt von Infanterie- und Gebirgsdivisionen, nach Gewinnung des Industriegebiets von Charkow über den Don nach Kaukasien vorzustoßen ..."

Dieser Befehl geht weit über das Ziel hinaus, das bisher als solches von den Generalen Marcks, von Sodenstern und Paulus bei ihren jeweiligen Vorarbeiten zum „Unternehmen Barbarossa" angesehen wurde. Hitler will demnach mitten in einer Feldzugsphase den bisherigen Plan umstoßen und trotz der inzwischen aufgetretenen und genau erkannten sowjetischen Truppenmassierungen Kaukasien noch vor Einbruch des Winters erobern!

Die Weisung Hitlers, die ohne jede Absprache mit dem OKH erlassen wird, entfacht einen Machtkampf „hinter den Kulissen". Hitler und der Führungsstab des OKW stehen auf der einen Seite, der Oberbefehlshaber des Heeres mit seinem Generalstab auf der anderen. Das OKH ist von der neuen Weisung Hitlers schockiert. Generaloberst Halder notiert am 26. 7.: „Ich sehe in dieser Gedankenbildung (Hitlers Plan: Leningrad und Kaukasus zur gleichen Zeit zu erobern) den Anfang des Versandens der bisherigen schwungvollen Operationen." Zwei Tage später schreibt er weiter: „Die Unsinnigkeit der nunmehr beschlossenen Operation", die „zu einem Auseinanderlaufen der Kräfte und einem Stehenbleiben an der entscheidenden Stelle auf Moskau" führen wird.

Das OKH hat selbstverständlich von Anfang an andere Pläne mit der Heeresgruppe Süd vor. Diese soll ja praktisch nur der Schwerpunkt-Heeresgruppe die rechte Flanke freihalten. Jetzt allerdings wird es dem OKH klar, daß die bisher etwas unglücklich verlaufene Offensive der Heeresgruppe Süd einen Flankenschutz der eingangs gedachten Art kaum mehr gewährleistet.

Die operativ unbefriedigende Lage am Nordflügel sowie die damit fehlende Verbindung zur Heeresgruppe Mitte muß vorerst bereinigt sein, wenn die Heeresgruppe Süd weiter nach Osten stoßen soll. Es bieten sich Ende Juli zwei Möglichkeiten zur Lösung dieses Nahtproblems. Die Heeresgruppe wird aus dem Dnjeprbogen in allgemeiner Richtung Charkow — Kursk nach Nordosten eingesetzt. Damit könnte die Heeresgruppe aus eigener Kraft ihren Nordflügel über den Dnjepr vorreißen und andererseits ordnungsgemäß den Südflügel der Heeresgruppe Mitte abdecken.
Die zweite Möglichkeit besteht in der Bereinigung des Pripjetproblems durch gleichzeitige Angriffe beider Heeresgruppen zur Vereinigung ihrer inneren Flügel ostwärts des Dnjeprs. Damit wäre wiederum eine Ausgangsbasis geschaffen, von der beide Großverbände schließlich zum direkten Angriff auf Moskau antreten könnten. Das OKH hat auch jetzt noch Moskau als primäres Ziel in seine Überlegungen eingeplant.
Die abweichenden Meinungen von Hitler und OKH werden in nicht immer sachlicher Form vorgetragen, ausgehandelt, besprochen. Hitler findet sich schließlich zu einem Kompromiß bereit. Er erläßt bereits am 30. 7. die Weisung Nr. 34 (OKW/WFSt/Abt. L — I Op — Nr. 441 298/41 gK Chefs). Danach greift Heeresgruppe Nord allein nach Leningrad an und wird nicht von der Pz.Gruppe 3 unterstützt! Heeresgruppe Mitte richtet sich zur Verteidigung und zu einem Aufmarsch für Moskau ein. Die Heeresgruppe Süd führt dagegen ihre bisherigen Operationen weiter.
Diese Operationen werden in der am 12. 8. erlassenen Ergänzung zur Weisung Nr. 34 wie folgt definiert: Die Heeresgruppe sei nach der Schlacht von Uman stark genug, „die Bewegungsfreiheit für weitreichende Operationen jenseits des Dnjepr" zu erkämpfen und die befohlenen Operationsziele — also Krim, Donezbecken, Charkow — zu erreichen. Dagegen sei der Angriff auf Kiew einzustellen.
Bevor das Heeresgruppenkommando diese Ergänzung in den Händen hält, kommt es zu der denkwürdigen Besprechung am

4. 8. im Hauptquartier der Heeresgruppe Mitte in Nowy Borissow. Hitler ist mit seinem Chefadjutanten, Oberst i. G. Schmundt, und dem Chef der Operationsabteilung des OKH, Oberst i. G. Heusinger, erschienen. Er will sich von den verantwortlichen Befehlshabern der Heeresgruppe einen Lagebericht erstatten lassen.

Feldmarschall von Bock und seine Armeeoberfehlshaber sind ausnahmslos der Meinung, daß die Offensive unbedingt in Richtung Moskau fortgesetzt werden müsse. Die Befehlshaber der Panzergruppen, Generaloberst Hoth und Generaloberst Guderian, erbitten allerdings einen Stop, um die arg strapazierten Divisionen aufzufrischen und aufzufüllen. Ein Antreten beider Panzergruppen kann aber bereits zwischen 15. und 20. 8. erfolgen.

Hitler hört sich die Ausführungen der Generale schweigend an. Dann holt er zu einer seiner bekannten langatmigen und politisch verbrämten Reden an. Hitler lehnt dabei kategorisch einen Vormarsch auf Moskau ab. Er ist vielmehr überzeugt, daß nun doch Leningrad und die Ukraine erobert werden müßten. Hitler gibt schließlich der Ukraine den Vorzug. Hier glaubt Hitler die Rohstoffe und Lebensmittel zu finden, ohne die ein Zweifrontenkrieg nicht weitergeführt werden kann. Er will ferner den „Flugzeugträger Sowjetunion gegen die Erdölfelder Rumäniens" mit der Eroberung der Ukraine treffen und ausschalten.

Die nächsten Tage vergehen in der allgemeinen Weiterführung der bisherigen Operationen, die naturgemäß bei der Heeresgruppe Mitte dem Angriff auf Moskau Rechnung tragen. Lediglich die rechte Flügelarmee, die 2. Armee unter Generaloberst Freiherr von Weichs, versucht mit der Wegnahme von Gomel im Südosten die rechte Flanke abzuschirmen. Die Heeresgruppe Süd bereitet dagegen intensiv die Dnjeprübergänge in den bisher gewonnenen und in Aussicht genommenen Brückenköpfen vor.

Das OKH gibt zu diesem Zeitpunkt noch nicht den ausgebrochenen Machtkampf auf höchster Ebene auf. Feldmarschall von Brauchitsch läßt durch seinen Chef der Operationsabteilung eine Denkschrift ausarbeiten. Diese Denkschrift stellt noch einmal klipp und klar Moskau als Ziel in den Mittelpunkt der deutschen Offensive. Ferner erhält sie eine strikte Ablehnung der von Hitler geforderten Teiloperationen nach Norden und Süden. Diese Ablehnung stützt sich hierbei auf den in wenigen Monaten erfolgenden Einbruch des Winters, der naturgemäß im Norden schneller als im Süden einbricht.

Die Heeresgruppe Süd gewinnt in diesen Tagen auf breiter Front den Dnjepr von seiner Mündung bis dicht südlich Kiew. Das Erreichen dieser natürlichen Abschnittsposition zieht Hitler in seinen Bann: Die allgemeine Frontlage zeigt am 20. 8. ein faszinierendes Bild! Die nach Osten gerichteten Spitzen der Heeresgruppen Mitte und Süd haben eine ungefähre gerade Linie erreicht. Die Mitte zwischen diesen Spitzen liegt noch zirka 550 km im Westen zurück. Die Entfernung der beiden Spitzen mißt ebenfalls etwa 550 km. Damit ergibt sich ein fast gleichseitiges Dreieck, in dem ein gesamter sowjetischer Heeresgruppenverband steckt! Das ist eine militärische Lage, von der wohl jeder Feldherr träumt.

Diese einmalige günstige Möglichkeit wird von Hitler sofort erfaßt. Sein Einfluß auf das OKW ist Mitte August 1941 schon so stark, daß der Chef des Wehrmachtführungsstabes, General d. Art. Jodl, am 20. 8. zu Oberst Heusinger bemerkt, als dieser ihm die Denkschrift des OKH vorlegt:

> „Es bietet sich im Augenblick eine viel bessere Aussicht, die lebendigen Streitkräfte der Russen zu schlagen. Sie stehen mit der stärksten Gruppe ostwärts Kiew!"

Vielleicht wird in diesen Stunden in General Jodl und in Hitler der Plan Gestalt angenommen haben, diesen Feind bei Kiew ein für allemal zu schlagen, wenn die beiden Spitzen des obengenannten Frontdreiecks zusammengedreht werden könnten. Dabei wird noch eine Realität mit den Ausschlag gegeben haben, die bei allen bisherigen kriegsgeschichtlichen Darstellungen kaum entsprechende Beachtung gefunden hat: Die Frage des

Adolf Hitler besucht am 6. August 1941 das Hauptquartier der Heeresgruppe Süd in Berditschew. Hier verläßt er in Begleitung des Oberbefehlshabers, Feldmarschall v. Rundstedt, das Stabsquartier. Hinter Hitler und Rundstedt (von links nach rechts) der Chefdolmetscher Schmidt, Feldmarschall Keitel, General d. Infanterie v. Sodenstern (Chef des Generalstabes der Heeresgruppe), Major Engel (Adjutant des Heeres bei Hitler).

Generaloberst Löhr, Oberbefehlshaber der Luftflotte 4, die maßgeblichen Anteil an der Schlacht um Kiew hatte.

Flankenschutzes. Die Heeresgruppe Mitte hätte bei ihrem Vormarsch auf Moskau eine riesige Südflanke verzeichnet, zu deren Schutz eine Masse von Infanteriedivisionen notwendig gewesen wäre, die das deutsche Heer im Sommer 1941 nicht mehr besaß. Da die Heeresgruppe Süd durch das Hängenbleiben im Pripjetgebiet und vor Kiew diesen Flankenschutz nicht hätte geben können, sondern sich selbst bemühen mußte, die eigene Nordflanke abzuschirmen, ergibt sich ein Problem, das zu diesem Zeitpunkt vermutlich nicht voll erkannt war.

Doch mit „wäre", „hätte" und „vielleicht" ist kein Krieg zu gewinnen!

Schließlich — gerade als der Befehlshaber der Pz.Gruppe 2 vom Heeresgruppenkommando Mitte den Befehl erhält, nicht mehr nach Süden vorzugehen, sondern seine Panzerkräfte nach rückwärts zur Ruhe zu verlegen — erläßt Hitler am 21. 8. die denkwürdige Weisung, die den Ostfeldzug nicht nur beeinflußt, sondern zu einem großen Teil sogar entscheidet:

> „Der Vorschlag des Heeres für die Fortführung der Operation im Osten vom 18. 8. stimmt mit meinen Absichten nicht überein.
>
> Ich befehle folgendes:
>
> 1. Das wichtigste, noch vor Einbruch des Winters zu erreichende Ziel ist nicht die Einnahme von Moskau, sondern die Wegnahme der Krim, des Industrie- und Kohlengebietes am Donez und die Abschnürung der russischen Ölzufuhr aus dem Kaukasusraum, . . .
> 2. Die operativ selten günstige Lage, die durch das Erreichen der Linie Gomel — Potschep entstanden ist, muß zu einer konzentrischen Operation mit den inneren Flügeln der Heeresgruppen Süd und Mitte unverzüglich ausgenutzt werden. Ihr Ziel muß sein, die sowjetische 5. Armee nicht nur durch alleinigen Angriff der 6. Armee hinter den Dnjepr zu drücken, sondern diesen Feind zu vernichten, bevor er hinter der Linie Dessna —Konotop — Sula-Abschnitt ausbrechen kann. Dadurch wird die Sicherheit für

die Heeresgruppe Süd gegeben, östlich des mittleren Dnjepr Fuß zu fassen und die Operation in Richtung Rostow — Charkow mit der Mitte und dem linken Flügel weiterzuführen.

3. Von der Heeresgruppe Mitte sind hierfür ohne Rücksicht auf spätere Operationen so viele Kräfte anzusetzen, daß das Ziel, die Vernichtung der 5. russischen Armee, erreicht wird und die Heeresgruppe dabei in der Lage bleibt, feindliche Angriffe gegen die Mitte ihrer Front in kräftesparender Stellung abzuwehren ..."

Die weiteren beiden Punkte der „Führerweisung" befassen sich mit der Einnahme der Krim und Leningrads und haben keinerlei Einfluß auf die Entwicklung der Kesselschlacht um Kiew.

Die Weisung vom 21. 8. hat damit „die Weichen zur Schlacht um Kiew gestellt". Heeresgruppe Mitte und Heeresgruppe Süd haben einen Befehl erhalten, nach denen sie ihre Kräfte vollkommen umgruppieren müssen, um nun eine Schlacht zu schlagen, an die man bisher nicht gedacht hat.

Hitler weiß, daß er mit diesem Befehl die bisherigen Anordnungen des OKH zunichte macht, die alle für Moskau eintraten. Der Ton des ersten Satzes seiner Weisung ist wissentlich scharf gehalten, um dem OKH und seinem Oberbefehlshaber ein für allemal zu dokumentieren, daß sie nur Befehlsempfänger sind. Hitler läßt es deshalb nicht allein bei dieser allgemein bekannt zu gebenden Weisung bleiben, sondern sendet am 22. 8. dem OKH einen Nachtrag zur soeben erlassenen Weisung zu. Dieser Nachtrag gipfelt in dem Satz, daß die Operationen der Heeresgruppen Nord und Süd vorrangig behandelt werden müssen und daß Moskau nur noch sekundäre Bedeutung hat!

Der Generalstab des deutschen Heeres ist in dieser Situation, die gerade dem Höhepunkt des Krieges zustrebt, nur noch befehlausführendes Organ. Generaloberst Halder legt zwar Feldmarschall von Brauchitsch nahe, seinen Abschied einzureichen. Der Oberbefehlshaber des Heeres resigniert und lehnt mit der Begründung ab, daß Hitler diesen Abschied sowieso nicht annehmen wird.

Generaloberst Halder bezeichnet in seinem persönlichen Tagebuch die Situation zwar mit den Worten: „Niemand weiter als der Führer selbst ist für den Zickzackkurs verantwortlich", doch schon am Nachmittag und am Abend arbeiten Oberbefehlshaber, Generalstabschef und Chef der Operationsabteilung die ersten Befehle aus, die ihnen die „Führerweisung" aufträgt.

Diese Befehle, die noch in der Nacht zum 23. 8. per Funk an die Armee-Oberkommandos herausgehen, leiten die größte Kesselschlacht des 2. Weltkrieges ein. Noch einmal beweist sich die Schulung deutscher Generalstabsoffiziere, der strategische Überblick der Oberbefehlshaber, das taktische Können der Truppenführer und der vorbildliche und unvergleichliche Opfermut der Soldaten, die das erreichen, was der Chef des Generalstabes am 24. 8. seinem Tagebuch anvertraut:

„ . . . das Unmögliche möglich machen!"

Generaloberst Guderian, der Schöpfer der deutschen Panzerwaffe, im Gespräch mit Generalleutnant Model, Kdr. der 3. PD., die den Kessel um Kiew schloß.

AUFMARSCH ZUR SCHLACHT

Hitlers Plan und Stalins Fehler

Die Würfel sind gefallen! Das deutsche Heer marschiert nicht nach Osten, sondern nach Süden!

Generaloberst Halder, der Chef des Generalstabes, führt am Nachmittag des 22. 8. die ersten vorbereitenden Besprechungen mit seinem Chef der Operationsabteilung, Oberst i. G. Heusinger. Der Oberbefehlshaber, Feldmarschall von Brauchitsch, nimmt später an diesen Besprechungen teil, die die ersten vorausschauenden Befehle für die Kesselschlacht von Kiew zur Folge haben.

Das OKH befiehlt noch am Abend des 22. 8. dem Heeresgruppenkommando Mitte, alle Kräfte von Gomel auf Tschernigow anzusetzen, um der 5. Sowjetarmee den Rückweg abzuschneiden. Details zu diesem Befehl sind für den nächsten Tag angekündigt. Der Befehl (Op.Abt. Nr. 43 540/41 gKdos) besagt ferner, daß 2. Armee und Pz.Gruppe 2 aus der Linie Gomel — Starodub gegen die Dessna mit rechtem Flügel auf Tschernigow vorzugehen haben, um „abfließende Teile der roten 5. Armee zu fassen und der 6. Armee den Übergang über den Dnjepr zu erleichtern".

Dieser erste Befehl will bereits eine Koordinierung der neuen Offensivbewegungen zwischen den beiden Heeresgruppen, die augenblicklich noch durch eine große Lücke voneinander getrennt sind. Dieser Befehl bekommt am 23. 8. eine Ergänzung und lautet:

> „... noch möglichst starke Kräfte der russischen 5. Armee zu vernichten und der Heeresgruppe Süd den Dnjepr-Übergang baldmöglichst zu öffnen. Hierzu soll, möglichst unter Generaloberst Guderian, eine Kräftegruppe gebildet werden, die mit rechtem Flügel über Tschernigow vorzubereiten ist."

Das Schwergewicht der Operationen ist damit eindeutig auf eine starke gepanzerte Kampfgruppe gelegt. Das AOK 2 gibt noch am 22. 8. acht ihrer Infanteriedivisionen des XXXXIII. und XIII. AK. sowie des Höh.Kdo. XXXV den Befehl, sich für diesen Angriff bereitzustellen. XII. und LIII. AK. werden auf Befehl der Heeresgruppe von der Front gelöst und marschieren hinter der Pz.Gruppe 2 mit allgemeiner Richtung Nordosten ab.

Das Heeresgruppenkommando Mitte setzt sich am gleichen Abend mit dem Befehlshaber der Pz.Gruppe 2 in Verbindung, um ihn ebenfalls von den vorbereitenden Maßnahmen zu verständigen. Generaloberst Guderian ist von diesem neuen Offensivplan wenig begeistert und sträubt sich heftig dagegen, einen Teil seiner Pz.Gruppe zur Unterstützung der 2. Armee an einem ihm falsch erscheinenden Schwerpunkt einzusetzen.

Feldmarschall von Bock ordnet daraufhin eine Besprechung im Hauptquartier der Heeresgruppe an, an der auch der Chef des Generalstabes des OKH teilnimmt. Generaloberst Halder erscheint gegen 11.00 Uhr, direkt aus dem Führerhauptquartier kommend. Er erstattet den anwesenden Oberbefehlshabern von Kluge, Freiherr von Weichs, Strauß, Guderian und Hoth Bericht von dem unabänderlichen Entschluß Hitlers, die Ukraine und nicht Moskau anzugreifen!

Die Armeeoberbefehlshaber sind mehr als genug über diese Willensäußerung Hitlers erregt. Sie alle sind sich mit dem tief erschütterten Generalstabschef einig, daß diese neue Feldzugsrichtung unabweigerlich zu einem Winterkrieg führen müsse, für den das deutsche Heer nicht vorbereitet ist! Die Feldmarschälle und Generalobersten beraten lange, können sich aber nicht zu einem Ergebnis durchringen, wie man Hitler noch beeinflussen könne. Da ist es Generaloberst Guderian, der auf den bedrohlichen Kräftezustand seiner seit dem ersten Kriegstage im Kampf befindlichen Panzerdivisionen hinweist, die unmöglich noch Hunderte von Kilometern pausenlos durchzufahren in der Lage sind.

Feldmarschall von Bock greift diesen Gedanken auf und befiehlt, daß Guderian unverzüglich mit Generaloberst Halder nach Ostpreußen zurückfliegen soll, um Hitler umzustimmen. Generaloberst Guderian erhält bei seiner Meldung beim Oberbefehlshaber den ersten Schock, als Feldmarschall vor Brauchitsch kurzerhand verbietet, über Moskau zu sprechen:

„Der Ansatz nach Süden ist befohlen, es handelt sich nur noch um das Wie. Jede Erörterung ist nutzlos!"

Generaloberst Guderian ist wenige Minuten später noch einmal entsetzt, als er allein zu Hitler gelassen wird. Hier findet er die Vertreter des OKW, aber nicht die des OKH, vor! Hitler hat aus gutem Grund Feldmarschall von Brauchitsch und seinen Generalstabschef ausgeschaltet. Ein sicheres Zeichen, daß zu diesem Zeitpunkt das OKH schon keine Macht mehr hat und auch nicht gewillt ist, bis zur letzten Konsequenz um diese Macht zu streiten!

Guderian steht mit seinem Plan allein. Er redet, klagt, beschwört. Hitler läßt Guderian ausreden. Dann rafft sich Hitler auf und führt nun in langen Darlegungen die Gründe auf, die ihn zum Entschluß geführt haben, Moskau aufzugeben. Hitler spricht wörtlich: „Meine Generale verstehen nichts von Kriegswirtschaft!" Damit stellt der oberste Soldat der deutschen Wehrmacht eindeutig fest, daß es ihm in diesem Krieg um wirtschaftspolitische und nicht um militärische und weltanschauliche Gründe geht!

Die Ausführungen Hitlers schließen mit dem strikten Befehl, zum Angriff auf Kiew als nächstem strategischen Ziel unverzüglich anzutreten! Generaloberst Guderian ist geschlagen. Er

Der Oberbefehlshaber der russischen Heeresgruppe "Südwestfront", Generaloberst Kirponos (links) mit seinem Kriegsrat Burmistenko und dem Chef des Generalstabes, Generalmajor Tupikow. Alle drei starben im Kessel von Kiew den Soldatentod.

Der vom Zentralkomitee der KPdSU eingesetzte Kriegskommissar für die Ukraine, Nikita Chruschtschow, der spätere Ministerpräsident der UdSSR. (Eine Aufnahme nach der Wiedereroberung Kiews 1943).

Jagdflugzeuge vom Typ "Bf 109-C 1" des Jagdgeschwaders 3 "Udet", das bis Ende September 1941 im Südabschnitt der Ostfront flog.

Sturzkampfflugzeuge vom Typ "Ju 87" des Stukageschwaders 1 werden zum Feindflug über Kiew fertiggemacht.

fühlt sich verlassen, denn Feldmarschall Keitel und die weiteren Paladine des OKW nicken zustimmend zu Hitlers Worten. Der Generaloberst versucht in dieser Stunde, wenigstens die beabsichtigte Teilung seiner Pz.Gruppe rückgängig zu machen. Wenn schon der Angriff unvermeidlich ist, dann soll wenigstens mit geballter Wucht zugeschlagen werden, um die Operation bis zum Eintritt der Schlechtwetterperiode zu beenden.

Generaloberst Guderian ist entlassen.

Doch noch ist der bittere Kelch nicht ganz geleert.

Der Generaloberst meldet sich beim Chef des Generalstabes ab. Generaloberst Halder zeigt in diesem Augenblick das Bild eines gebrochenen Menschen, der einem Nervenzusammenbruch nahe ist. Beide Männer, die in ihrem Wesen so grundverschieden sind, geraten in diesen für die Zukunft des deutschen Heeres entscheidenden Augenblicken hart aneinander. Guderian beharrt darauf, mit der gesamten Pz.Gruppe anzutreten. Halder lehnt im Hinblick auf die weiteren Operationen rigoros ab. Beide Männer, der eine robust und praktisch, der andere geisteswissenschaftlich theoretisch, trennen sich ohne jede Verständigung!

Generaloberst Guderian, dessen Vertrauen zu Hitler und OKH von diesem Tage an zu schwinden beginnt, kehrt in sein Hauptquartier nach Schumjatschi zurück. Hier erfährt er, daß die Heeresgruppe das XXXXVI. AK.mot. aus dem Verband der Pz.Gruppe gelöst hat, um es als Reserve aufzustellen. Damit ist die Teilung der Pz.Gruppe 2 Wirklichkeit geworden.

Der Generaloberst unterschreibt am 24. 8. widerwillig den Tagesbefehl, der eine Operation einleitet, die seinen Namen für immer in die Kriegsgeschichte einträgt. Der Befehl lautet im Auszug:

> „Pz.Gruppe 2 tritt am 25. 8. mit XXIV. AK.mot. rechts, XXXXVII. AK.mot. links zum Angriff nach Süden an, gewinnt in einem Zug die Dessna- und Sejm-Übergänge und stößt auf die Eisenbahnlinie Bachmatsch — Konotop — Belopolje durch. ... XXIV. AK.mot. stößt mit Schwerpunkt beiderseits Starodub auf Nowgorod Sewerssk vor, gewinnt

sodann den Dessna-Übergang südlich Nowgorod und stößt über den Sejm auf Konotop durch."

General d. Pz.Truppen Geyr von Schweppenburg bildet erneut mit seinem Korps die Schwertspitze der Pz.Gruppe. Der General hat in der Nacht den kurzen Befehl herausgegeben, der mit wenigen Worten die ganze Schwere der bevorstehenden Operation anzudeuten versucht:

„Vorstoß des XXIV. AK.mot. mit 10. ID.mot. rechts und 3. PD. links über die Linie Cholmy — Nowgorod Sewerssk nach Süden, um im Südwesten von Gomel noch haltenden Gegner abzuschneiden. 4. PD. folgt hinter 3. PD. Eigene Ostflanke offen. Diese ist angriffsweise zu sichern und Gegner zurückzuwerfen."

Die Pz.Gruppe 2 ist am Morgen des 25. 8., 5.00 Uhr, aus der Bewegung heraus zum Angriff nach Süden angetreten . . .

*

Wie entwickelt sich die Lage bei der Heeresgruppe Süd?

Das sowjetische AOK 5 muß nach Ende der Schlacht von Gomel einsehen, daß das Halten der Stellungen am Südrand der Pripjetsümpfe operativ nicht mehr gerechtfertigt ist. Die Armee beginnt ab 21. 8. systematisch unter hinhaltenden schweren Nachhutkämpfen ihre Verbände von den Deutschen langsam zu lösen und auf den Dnjepr zurückzuführen.

Die Heeresgruppe Süd, die diese rückläufigen Bewegungen erkennt, befiehlt unverzüglich der 6. Armee, dem Feind zu folgen. Die Armee ist inzwischen durch Verbände von anderen Abschnitten aufgefüllt worden und ist am Nordflügel stärkemäßig dem Gegner ebenbürtig. Die Dislokation der Armee zeigt am Abend des 21. 8. folgendes Bild:

Die 213. Sich.Div. rückt stetig vom Westen her in das Pripjetgebiet vor, steht allerdings noch allein im weiten Raum. Das XVII. AK. liegt im Abschnitt Korosten. Die neu hinzugeführte SS-Kavallerie-Brigade sichert den äußersten linken Flügel. Der Schwerpunkt des Nordflügels der Armee zeichnet sich beim mittleren Korps ab. Das LI. AK., zwischen Korosten und Malin, verfügt an diesem Tag über (von links nach rechts) 98., 113., 111. ID. In zweiter Linie stellen sich auf oder marschieren ein: 262., 298. ID. und 11. PD. Das Höh.Kdo. XXXIV befehligt über 296. und 168. ID., die den Abschnitt bis zur Westfront von Kiew halten.

Eigene Luftaufklärung stellt am 21. und 22. 8. fest, daß sich der Gegner im eiligen Rückzug nach Osten befindet. Er hat allerdings nach Südwesten starke Nachhuten zur Verschleierung dieser Absetzbewegungen zurückgelassen. Das AOK 6 erhält damit zum erstenmal nach wochenlangen Kämpfen am Nordflügel operative Freiheit. Die beiden Flügelkorps werden sofort zum Angriff nach Nordosten mit Ziel Dnjepr in Marsch gesetzt. Die inneren Flügel des XVII. und LI. AK. kommen am schnellsten voran und stoßen in einen feindleeren Raum nach Norden. Während das XVII. AK. in dieser Richtung verbleibt und die 62. ID. längs der Bahnlinie Korosten — Owrutsch vorwirft, dreht das LI. AK. mit Front nach Osten ein. Der Angriff gewinnt am nächsten Tag noch weiter an Boden, da sich die rückwärtigen Bewegungen des Gegners teilweise in Flucht auswirken.

Das XVII. AK. geht bereits ostwärts Owrutsch auf den Pripjet los. I./IR. 164 (Major Lenz) und II./IR. 164 (Oberstlt. Faasch) nehmen im Sturm die Stadt Owrutsch. Die 62. ID. treibt eine Vorausabteilung längs der Bahn weiter durch die Sümpfe auf Mosyr vor. Das LI. AK. gewinnt ebenfalls eine Lücke und stößt an den nördlich Kiew haltenden sowjetischen Verbänden nach Osten. Die 11. PD. durchbricht die Linie der eigenen Infanterie, dreht zum Teterewfluß ein, stürmt Garnostaipol und setzt mit der Vorausabteilung über die unbeschädigte Dnjeprbrücke ostwärts Garnostaipol! (Der Feind kann allerdings durch Bombenwurf und Beschuß seiner Flußkanonenboote die Brücke in Brand schießen und vorübergehend für den deutschen Nachschubverkehr sperren.) Dieser Angriffselan reißt auch das Höh.Kdo. XXXXIV vor, das den nordwestlich haltenden Gegner — 87., 171. Schtz.Div., 28. Geb.-Div., 81. mech.Div. (von rechts nach links) — auf den Dnjepr zurückzudrängen beginnt. Damit ist Kiew von Norden her abgeriegelt!

Das Heeresgruppenkommando Süd schaltet sich von diesem Zeitpunkt intensiv in die Operationsführung ein. Das Heeresgruppenkommando erkennt in den rückläufigen Bewegungen der 5. Sowjetarmee und in den Vorbereitungen zum Südangriff der Heeresgruppe Mitte die große Chance, selbst offensiv zu werden, die feindliche Dnjeprstellung aufzubrechen und weiter Richtung Charkow stoßen zu können.

Das Heeresgruppenkommando befiehlt dem AOK 6 am 23. 8. mit Schreiben Ia Nr. 1718/41 gKdos, nicht nur den Dnjepr nördlich Kiew zu überschreiten, sondern auch den Dessna-Übergang zu erzwingen. Dann aber mit dem linken Flügel über Kosoletz auf Jagotin vorzugehen, um hier die Verbindung mit Teilen der 2. Armee herzustellen. Kiew ist auszusparen und nur bei freiwilliger Räumung durch die Sowjets zu nehmen.

Damit erhält der Nordflügel der 6. Armee eine Angriffsrichtung, die ihn direkt nach Osten und Südosten weist. Das OKH ist nicht mit diesem Befehl einverstanden, es möchte lieber die 6. Armee weiter nach Norden und Nordosten zielen lassen, um der 2. Armee den Angriff auf Tschernigow zu erleichtern. Diese Differenzen dauern einige Tage an, bis sie am 27. 8. in einem Telefongespräch zwischen Generaloberst Halder und dem Chef des Generalstabes der Heeresgruppe, General d. Inf. von Sodenstern, bereinigt werden.

Die Entwicklung nördlich Kiew nimmt am 24. 8. weiter einen günstigen Verlauf. Vorausabteilungen der 11. PD. sind sofort vom Dnjeprbrückenkopf nach Osten gestoßen und nähern sich der Dessna im Raum Oster. Generallt. Stapf, Kdr. der 111. ID., führt eine schnelle Kampfgruppe, die hier den Dessna-Übergang erzwingen soll. Die Sowjets erkennen die drohende Gefahr, daß die nördlich Kiew haltenden Verbände eingeschlossen werden und nehmen sie im Laufe des Tages auf das Ostufer des Dnjepr zurück. Die 44. ID. erreicht bei Dymer den Fluß und steht 20 km nördlich Kiew.

Die Lagebetrachtung der Heeresgruppe Süd, Ia Nr. 1822/41 gKdos, vom 24. 8. lautet u. a.:

„... befindet sich das westliche Dnjepr-Ufer von der Mündung bis südlich Kiew fest in deutscher Hand, während sich bei Garnostaipol die Möglichkeit eines Flußüberganges abzeichnet, der zwar am Dessna-Abschnitt wahrscheinlich auf neuen Widerstand stoßen wird, sich aber doch wohl auf die rote Haltung bei Kiew auswirken muß. Kommt es zum Einsatz von Teilkräften der Heeresgruppe Mitte auf Tschernigow, so würde sich hier die Möglichkeit auftun, im Zusammenwirken mit dem Übergang der 17. Armee bei und aufwärts Krementschug zu einem operativen Erfolg zu kommen, der nicht nur die rote Dnjepr-Verteidigung, sondern zugleich auch die in Vorbereitung befindliche Stellung am Ssula-Abschnitt zu Fall bringen könnte. ..."

Diese optimistische Lagebetrachtung scheint sich am nächsten Tag zu bewahrheiten. Der Angriff des Nordflügels der 6. Armee gewinnt zügig weiter an Boden. Eine Kampfgruppe des XVII. AK. ist über Jelsk auf Mosyr vorgestoßen und hat hier die erste seit dem 22. 6. erfolgte Verbindung zwischen stärkeren Teilen der beiden Heeresgruppen im Pripjet hergestellt!

Der Vorstoß der 11. PD. und 111. ID. zur Dessna leidet unter konzentrischen Gegenstößen der Sowjets. Diese verhindern allerdings nicht den Ausbau des Dnjepr-Brückenkopfes bei Garnostaipol. Südlich davon schließt das Höh.Kdo. XXXIV zum Dnjepr auf. Das I./IR. 482 (Major Metzger) der 262. ID. kommt bei Globowka ostwärts Dymer an den Fluß. Feindliche Kanonenboote beschießen die anrückenden Infanteristen. Lt. Theimer (3./IR. 482) läßt sofort Pak zum Ufer bringen. Eine 3,7-cm-Pak kann ein russisches Kanonenboot in Brand schießen. Daraufhin ziehen sich die Boote zurück.

Die Heeresgruppe Süd marschiert — mit Ausnahme beiderseits Kiew — in voller Breite am Dnjepr auf. Die 5. Sowjetarmee aber ist entkommen! Das russische Oberkommando hat den Erfolg zu verzeichnen, daß es (laut Lagebeurteilung) die örtliche deutsche Führung „über seine Rückzugsabsichten täuschen und dann plötzlich auf der ganzen Front nachgeben" konnte.

Die sowjetische 5. Armee, die vom ersten Kriegstage an der deutschen 6. Armee energisch Paroli geboten hat, ist zwar angeschlagen, aber nicht tödlich getroffen. Das AOK 5 bemüht sich, so schnell als möglich seine Verbände hinter der Dessna aufzufrischen und energisch diesen Abschnitt zu verteidigen.

Das deutsche Heeresgruppenkommando nimmt an, daß sich die 5. Armee unter Beibehaltung des Brückenkopfes Kiew zum Entscheidungskampf stellen wird. Dabei muß Kiew besonders berücksichtigt werden. Es ist das verschlossene Tor nach Osten. Es kann auch zum Drehpunkt einer gewaltigen Operation werden, wenn es der Heeresgruppe Süd gelingt, ihren einmal in Angriff gekommenen Nordflügel in der Bewegung zu halten und gleichzeitig aus den Brückenköpfen am Mittellauf des Dnjeprs vorzubrechen, um die feindliche Front in die Zange zu nehmen.

Der Angriff aus südlicher Richtung ließe sich allein von der Heeresgruppe forcieren, Schwierigkeiten bereitet nur der Stoß aus dem Norden. Der Brückenkopf Garnostaipol kann nur bedingt benutzt werden. Die Wegeverhältnisse durch das Pripjetgebiet nach Garnostaipol — nur eine brauchbare Dammstraße! — sind katastrophal und lassen nicht zu, starke Kräfte gleichzeitig heranzubringen. Wenn es aber gelingen sollte, aus dem Dnjepr-Brückenkopf anzutreten, dann stellt sich bereits wenige Kilometer später die Dessna als ebensolch schwieriges Hindernis in den Weg. Der Nordflügel kann nur vorgerissen werden, wenn von der Heeresgruppe Mitte starke Verbände ostwärts der Dessna angesetzt sind.

Dieser Einsatz erfolgt mit dem Angriff der Pz.Gruppe 2 nach Süden. Feldmarschall von Rundstedt wünscht nun einen gemeinsamen Oberbefehl für diese weiträumige Operation, bei der an die Vernichtung einer feindlichen Armee gedacht ist. Das Heeresgruppenkommando Süd schlägt deshalb — und auch später immer erneut — dem OKH vor, ihm die 2. Armee und die Pz.Gruppe 2 zu unterstellen. Das OKH lehnt diesen Antrag mit der Begründung auf die Koordinierung der Gesamtkriegführung an der Ostfront ab.

Das Heeresgruppenkommando Süd beschäftigt sich intensiv mit dem Gedanken einer Vernichtungsschlacht großen Stils und schlägt am 27. 8. mit Fernschreiben Ia Nr. 1839/41 gKdos dem OKH vor, daß die 17. Armee aus dem bei Krementschug zu bildenden Brückenkopf über Lubny nach Nordwesten zum Zusammenwirken mit 6. Armee und 2. Armee stoßen soll, während Pz.Gruppe 1 zwischen der Worskla und dem Psiol nach Norden angreifen muß, um eine Vereinigung mit der Pz.Gruppe 2 herzustellen. Das Heeresgruppenkommando ist am 27. 8. zu dem Entschluß gekommen, daß das Vorgehen der 6. Armee gleichzeitig durch einen Angriff der 2. Armee und einen eigenen Stoß aus dem Raum Krementschug erheblich erleichtert werden könne. Feldmarschall von Rundstedt und sein Generalstabschef nehmen an, daß die Sowjets auf die Ssula ausweichen und sich erst dort wieder zum Kampf stellen. Das OKH ist anderer Meinung. Da sich beim Gegner überall rückläufige Bewegungen zeigen, läßt es die 2. Armee verhalten. Das OKH glaubt, die Kräfte der Heeresgruppe Mitte für den letzten großen Angriff auf Moskau schonen zu müssen.
Die Heeresgruppe Süd schlägt deshalb weiter vor, die 17. Armee nach gelungenem Dnjepr-Übergang im Zusammenwirken mit dem Südflügel der Heeresgruppe Mitte zu bringen. Das Heeresgruppenkommando entwirft für diesen Angriff die ersten Pläne. Diese berücksichtigen ganz besonders die schon fortgeschrittene Jahreszeit. Um den Zeitbedarf für den Vorstoß von Süd nach Nord in den Rücken der Sowjets auf ein Mindestmaß herabzusetzen, soll die Pz.Gruppe 1, die sich soeben im Brückenkopf Dnjepropetrowsk festsetzt, nicht von hier, sondern aus dem Raum Krementschug antreten. Die 17. Armee ist dort beauftragt, einen Brückenkopf auszubauen, von dem die Pz.Gruppe in Richtung Lubny vorstößt, während die Infanteriedivisionen den Flankenschutz Richtung Poltawa übernehmen.
Die Dnjeprfront ist zu diesem Zeitpunkt fest in der Hand der Heeresgruppe. Der erste Abschnitt der Offensive ist endlich erreicht. Nun stehen Befehlshaber, Kommandeure und Soldaten vor der zweiten Phase, von der wirklich noch keiner weiß, wie

und wohin sie laufen soll. Die Kartenstellen der Divisionen, Korps und Armeen arbeiten auf Hochtouren. Denn jetzt, mit dem Halt am Dnjepr, ist auch die Kartenausstattung der Truppe durch OKH/Gen.St.d.H.Kr.Kart. und Verm.Wesen am Ende. Das OKH hat die Feldtruppen nur bis zum Dnjepr mit Kartenmaterial versorgt. Das ist ebenfalls ein Zeichen der überhasteten Planung dieses Feldzuges, bei dem nur die Propaganda reibungslos verläuft! Die Kartenstellen behelfen sich damit, daß sie die erbeuteten und teilweise beschafften 40 Jahre alten zaristischen 3-Werst-Karten (Maßstab ca. 1:126 000) umrechnen. Das ergibt selbstverständlich mehr Fehlerquellen, als es lieb sein kann. Es sind auf diesen Karten ja noch weniger Straßen, Dörfer und Eisenbahnlinien aufgezeichnet, als auf den neuen sowjetischen Karten, die von Anfang an bewußt falsche Angaben machen.

Das Oberkommando der Wehrmacht gibt am 27. 8. bekannt:

> „Wie bereits durch Sondermeldung bekanntgegeben, haben Verbände der Panzerarmee des Generalobersten von Kleist am 25. 8. nach schwerem Kampf den Brückenkopf von Dnjepropetrowsk und die Stadt selbst im Sturm genommen. Auch nahe der Dnjeprmündung und südlich Kiew wurden die letzten noch auf dem westlichen Dnjeprufer Widerstand leistenden Kräfte des Feindes zum Teil im Nahkampf überwältigt."

Die 13. PD. hat am 25. 8. Dnjepropetrowsk genommen, und es sind ihre motorisierten Schützen, die auf der beschädigten Floßbrücke über den 1 000 m breiten Fluß rasen. Die 60. ID.mot. wird am nächsten Tag übergesetzt und löst die Teile der 13. PD. ab. Die 198. ID. folgt am 30. 8. nach, und am 1. 9. wird die SS-Div. „Wiking" ebenfalls auf das Ostufer verlegt.

Das sowjetische AOK 17 glaubt, daß die Deutschen von Dnjepropetrowsk aus in Kürze zur weiteren Offensive antreten. Die Armee karrt nun Truppe um Truppe an den Dnjeprbogen, um diesen gefährlichen Brückenkopf einzudrücken. Die drei deutschen Divisionen werden von 255., 169., 226., 276., 275. Schtz.-

Div., 8. PD., 26. und 28. Kav.Div. (von rechts nach links aufgestellt) berannt. SS Div. „Wiking", 60. ID.mot. und 198. ID. können trotz dieser überlegenen Feindverbände nicht nur ihre Stellungen halten, sondern den Brückenkopf sogar noch bis Kamenka im Westen, bis zum Kiltschenbach im Norden und bis zur 200 m breiten Ssamara im Osten erweitern.

Der Brückenkopf Dnjepropetrowsk liegt der Kesselschlacht von Kiew exzentrisch. Er ist für diese Schlacht nur als Flankendeckung gedacht, bis am 23. 9. von hier aus die „Gruppe Mackensen" (III. AK.mot. mit 60. ID.mot., 198. ID., SS-Div. „Wiking" und dem ital. AK. mit 3. schnell.Div. und Div. „Torino") zum Angriff auf Rostow antritt.

Die Heeresgruppe hat dem eigenen AOK 17 befohlen, im Raume Krementschug eine günstige Übergangsstelle zu erkunden und einzunehmen, von der aus die Pz.Gruppe 1 schließlich zum Angriff nach Norden starten soll. Das LII. AK. (Kommand. General: General d. Inf. von Briesen) befindet sich am 20. 8. mit (von links nach rechts) 100., 97. lei.Div. und 76. ID. auf dem Marsch in den Abschnitt Krementschug. Das Korps löst Teile der nach Südosten abfließenden Pz.Gruppe ab und nimmt das Flußufer südostwärts Krementschug in Besitz. Das Korps erhält von der Armee bereits am 20. 8. den Auftrag, Möglichkeiten für einen Übergang festzustellen. Da alle Brücken im Raum Krementschug gesprengt sind, wird ein solches Unternehmen auf große Schwierigkeiten stoßen.

Während das LII. AK. mit den intensiven Vorbereitungen für einen Flußübergang beginnt, ist links davon das XI. AK. des Generals d. Inf. von Kortzfleisch gleichfalls an den Fluß herangekommen. Das Korps (257., 125., später noch 239. ID.) löst die Sicherungen des III. AK.mot. — die italienische Division „Pasubio" — ab und übernimmt selbst die Stellungen am Dnjeprufer. Die Abschnitte der einzelnen Divisionen sind sehr ausgedehnt. Die 257. ID. steht z. B. beidereits Nowogeorgijewsk auf 30 km Frontbreite.

Das XI. AK. erhält ebenso wie das LII. AK. Befehl, einen Übergang zu erkunden. Der Kommandierende General gibt am 23. 8. in Onufrijewka die Einsatzbefehle. Zur Sicherung dieser Vorbereitungen werden die Truppenbewegungen nur noch morgens und abends durchgeführt, da es den feindlichen Luftaufklärern tagsüber leicht ist, jede Kolonne in der bis zu 2 km tiefen Dünenlandschaft am Westufer des Dnjepr zu erspähen.

Der Korps-Pionierführer, Kdr. des Pi.-Rgt. 617, Oberstlt. von Ahlfen, erkundet noch am selben Tag mit einem Offiziers-Spähtrupp des Pi.-Btl. 73 den kilometerbreiten Fluß. Der Oberstleutnant legt bereits am Abend eine Bedarfsmeldung dem Armeepionierführer, Generalmajor Jahr, vor. Danach läßt sich eine Übergangsmöglichkeit zwischen Upenskoje und der Mündung des Psiol erkennen. Hierfür benötigt das XI. AK.: ca. 150 — 200 Sturmboote, 15 Brückenkolonnen (kurz Brüko-B) zum Bau einer 8-Tonnen-Kriegsbrücke von ca. 800 m Länge und zwei weitere Brüko für den Fährbetrieb schwerer Lasten.

Zur Erkämpfung der Ausgangsstellungen müssen die stark gesicherten Inseln in dem verzweigten und unregulierten Fluß genommen werden. Die 257. ID. setzt das IR. 466 auf die 2 km lange und ½ km breite Insel westlich Krementschug an. Das Regiment gelangt zwar auf das Eiland, muß sich aber gegen erbitterten Feindwiderstand buchstäblich Meter um Meter durchfressen. Es gelingt bis zum Monatsende nicht, den Feind endgültig von dieser Insel zu vertreiben.

Das LII. AK. steht demselben Problem gegenüber. Das Korps hat bei Derijewka, einem langgestreckten Dorf am Westufer, den Übergang erkundet. Zwei große Inseln — vom Landser ihrer Form wegen „Schinken"- und „Schneckeninsel" genannt — verhindern einen reibungslosen Übergang. Der Angriff auf beide Inseln beginnt in der Nacht zum 29. 8. Es gelingt der 100. lei.Div. im ersten Anlauf nicht, die „Schinkeninsel" zu besetzen. Das Unternehmen der 97. lei.Div. ist erfolgreicher. Eine Kompanie des Jäg.Rgt. 207 ist in der Nacht gegenüber dem Nordende der „Schneckeninsel" in Bereitstellung gegangen. Eine andere Kompanie täuscht den Russen durch Lichtzeichen und Geräusche gegenüber dem Südende der Insel. Die Pioniere bringen in den ersten Morgenstunden lautlos die Schlauchboote zu Wasser. Dann beginnt die Fahrt über den 200 m breiten Flußabschnitt. Die Jäger springen ans Land, arbeiten sich in dem urwaldähnlichen Buschgelände nach vorn, treffen auf die ersten Sowjets, die sich sofort energisch zur Wehr setzen. Es entwickelt sich ein Kampf Mann gegen Mann, und nur langsam drücken unsere Jäger den Feind zurück. Erst als am Nachmittag das II./Jäg.Rgt. 207 auf der Insel landet, gibt der Gegner den Kampf auf.

XI. und LII. AK. haben am 29. 8. ihre Bereitstellungen zum Dnjeprübergang beendet. Die Armee führt die letzten artilleristischen und pioniertechnischen Verstärkungen am 29. und 30. 8. nach vorn. Allein im Abschnitt der 97. lei.Div. bei Derijewka sind neben der Divisionsartillerie in Stellung gebracht: Stab AR. 501 mit II./AR. 46, IV./AR. 176, 2./AR. 863, ferner I./Werfer-Lehr-Rgt. und 1./Flak-Abt. 48.

Das LII. AK. greift am 31. 8. an. Die 100. lei.Div. am linken Flügel schickt im Frühnebel um 6.00 Uhr ihr IR. 54 zum Sturm auf die „Schinkeninsel" los. Die Infanteristen fassen zum zweiten Mal Fuß auf der busch- und waldbestandenen Insel, schlagen sich im Nahkampf herum und melden nach siebenstündigen harten Gefechten die Inbesitznahme der Insel. Damit ist die Gefahr einer feindlichen Flankenbedrohung ausgeschaltet.

Die 97. lei.Div. setzt das Jäg.Rgt. 204 von Derijewka aus an, während Jäg.Rgt. 207 von der „Schneckeninsel" in die Sturmboote steigt. Eigene Artillerie und Werfer halten die Batterien der 300. sowj. Schtz.Div. nieder und vernebeln das Ostufer. Die Boote brausen mit Höchstfahrt ab, und die gelandeten Jäger stürmen sofort mit „Hurra" die russischen Uferstellungen. Dann dringen sie rasch auf Bozuly vor. Der Gegner wird geworfen, Bozuly besetzt. Nachdem der erste Uferstreifen gewonnen ist, bringt Generalmajor Fretter-Pico das Jäg.Rgt. 204 geschlossen auf das Feindufer. Das Regiment wird nach Nordwesten zum Sturm auf die Höhen bei Pidgora befohlen. Am Abend befinden sich die Jäger auf den Höhen! Das Jäg.Rgt. 203 ist nachgeführt. Damit steht die gesamte 97. lei.Div. in einem 4,5 km tiefen und 4 km breiten Brückenkopf!

Das benachbarte XI. AK. setzt zwei Tage später westlich davon zur Verstärkung des Brückenkopfes bei Derijewka über den Fluß. Die 101. lei.Div., 125., 239. und 257. ID. stellen sich in der Nacht zum 2. 9. bereit. Der Kdr. des Pi.-Rgt. 617 hat die Pi.-Btle. 101, 125 und 239 sowie die Sturmbootkdos 901 und 902 mit 135 Booten zum Übersetzen der ersten Welle zur Verfügung. Der Übergang gelingt auf der ganzen Frontbreite. Nur die 257. ID. ist zu anderweitiger Verwendung am Westufer verblieben.

Die Luftflotte 4 hat mit ihren Kampfstaffeln diese Angriffe hervorragend unterstützt. Allerdings machen sich schon jetzt Anzeichen dafür bemerkbar, daß die Kräfte der beiden Fliegerkorps bei weitem überfordert sind. Die Aufgaben sind größer und schwerer, als daß sie mit den vorhandenen Maschinen überhaupt noch gelöst werden könnten. Die Einsätze der letzten Wochen und Monate haben trotz aller Erfolge so viele Verluste gebracht, daß sie aus Materialmangel einfach nicht mehr aufgefüllt werden können. Einige Staffeln sind bereits aufgelöst, da keine Flugzeuge mehr vorhanden sind. Dagegen ist mehr und mehr die materielle Überlegenheit der sowjetischen Luftwaffe zu spüren.

Die Einsatzfreude der fliegenden Verbände ist trotz der Unterlegenheit und der sich von Woche zu Woche steigernden Kampfschwierigkeiten genau so gut wie am ersten Tag. Die Kampf- und Jagdstaffeln folgen den Heerestruppen dichtauf. Oft landen die Flugzeuge auf unvorbereiteten Feldern oder Wiesen, die erst vor wenigen Stunden von der Infanterie genommen worden sind. Piloten, Techniker und Bausoldaten, darunter RAD-Abteilungen, wetteifern an der Herstellung provisorischer Landebahnen und Feldflugplätze, damit die Staffeln in Kürze wieder startklar stehen.

Der Einsatz der fliegenden Verbände kann am Beispiel des Jagd-Geschw. 3 abgelesen werden. Das Geschwader ist seit dem ersten Kriegstag im Kampf und hat bis zum 1. 9. insgesamt 1 016 feindliche Maschinen im Luftkampf abgeschossen. Unter diesen vernichteten Flugzeugen befinden sich 727 Bomber! Die erfolgreichsten Tage des Geschwaders lagen bei Beginn des Feldzuges. Die Staffeln schossen vom 22. — 26. 6. im Luftkampf 163 Feindmaschinen ab, davon allein am 26. 6. 60 Bomber und 8 Jäger. Die Zahl der in diesen fünf Tagen am Boden in Brand geschossenen Flugzeuge beläuft sich auf 155. Diese Zahl ist bis zum 1. 9. auf 243 Maschinen erhöht. Der erfolgreichste Tag des Geschwaders — bei dem neun Offiziere das Ritterkeuz tragen — ist der 8. 7. Die Jäger schießen innerhalb von 15 Minuten aus einem Pulk angreifender Sowjetmaschinen 28 Bombenflugzeuge heraus!

Der Kdr. des JG. 3, Major Lützow, verzeichnet bis 1. 9. seinen 56. Luftsieg. Er erhält nach dem Abschuß seines 89. Gegners als vierter Offizier der deutschen Wehrmacht und als erster Soldat im Bereich der Heeresgruppe Süd und Luftflotte 4 am 11. 10. 1941 die Schwerter zum Eichenlaub des Ritterkreuzes.

Die Luftlage im Abschnitt der Luftflotte 4 zeigt in der Zeit vom 18. — 29. 8. z. B. das folgende Bild an einsatzbereiten Maschinen:

	Deutsche:	Sowjets:
Jagdflugzeuge	213	473
Bombenflugzeuge	324	493
Aufklärungsflugzeuge	36	20
Transportflugzeuge	—	263

*

Die Heeresgruppe Süd hat Ende August / Anfang September ihre Bereitstellung zur späteren Schlacht um Kiew eingenommen. Das Heeresgruppenkommando erkennt in diesen Tagen die einmalige Chance, die sich aus der raschen Gewinnung des Brückenkopfes bei Krementschug ergibt und besteht nun auf eine bindende Befehlsgrundlage des OKH für die sich anbahnende Schlacht.

Die Lagebeurteilung der Heeresgruppe am 1. 9. spricht u. a.: „Für die Vernichtunglschlacht in der Ost-Ukraine ist es unerläßlich und entscheidend, daß die Pz.Gruppe 2 und 2. Armee nicht nur an die Dessna, sondern über die Dessna vorgeführt werden und bis zum Durchschlagen der Schlacht im operativen Rahmen der H.Gr. Süd fechten." Das Heeresgruppenkommando begründet den Einsatz dieser Armeen nach Süden damit, daß eine feindliche Flankenbedrohung für die Heeresgruppe Mitte zur letzten Offensive auf Moskau ausfällt. Außerdem könnten Kräfte der 6. Armee an die Heeresgruppe Mitte abgegeben werden.

Das OKH verschließt sich noch den Gedankengängen des Feldmarschalls von Rundstedt. Weder Feldmarschall von Brauchitsch noch Generaloberst Halder greifen in dieser Zeit in die angelaufenen Operationen ein! So, wie sich die Heeresgruppe Süd selbständig ihre Ausgangsstellung erkämpft, erfolgt dasselbe Ereignis auch beim Südflügel der Heeresgruppe Mitte.

Die 2. Armee befindet sich am 26. 8. mit dem XIII. und XXXXIII. AK. auf dem Marsch nach Süden. Das Höh.Kdo. XXXV wird aus dem Pripjetgebiet an Gomel herangezogen, während die übrigen beiden Korps der Armee bereits im Anrücken auf den Jelnjabogen sind. Der weichende Feind leistet keinen ernsthaften Widerstand, so daß sich die Armee in breiter Front zur Dessna bewegen kann. Verbindung zur benachbarten Pz.Gruppe 2 und zur 6. Armee bestehen zur Zeit nicht.

Je weiter sich die Divisionen — von rechts nach links: 17., 134., 260., 131., 112. ID. und 1. Kav.Div. — der Dessna nähern, um so härter wird jetzt die russische Abwehr. Damit ist es sicher, daß die Sowjets gewillt sind, die Dessnafront zu verteidigen.

Das Angriffsziel, das das AOK seinen Divisionen gibt, heißt Tschernigow. Deshalb erhält die in der Mitte der Angriffsfront marschierende 260. ID. in der Nacht zum 30. 8. den Befehl, den Dessna-Übergang beiderseits Kisselewka zu erzwingen und einen Brückenkopf bei Wibli zu bilden.

Die Division setzt das IR. 470 sofort zum Sturm aus der Bewegung an. Beim Überschreiten der Höhen von Tschernich liegt heftiges Artilleriefeuer auf der Truppe. Das II./IR. 470 unterläuft das Feuer und gewinnt in einem Zug das Ufer des Flusses! Ein junger Offizier, der am jenseitigen Ufer einen Kahn entdeckt, springt kopfüber ins Wasser und holt das Boot herüber. Damit werden Btl.-Stab, 1./IR. 470 und der Kommandeur, Generallt. Schmidt, übergesetzt!
Endlich kommen die Pioniere heran. Sofort sind Schlauchboote und Floßsäcke bereitgestellt. Das II./IR. 470 setzt über. Das nachfolgende I./IR. 470 durchwatet das knietiefe Wasser. Der Brückenkopf an der Dessna ist gebildet! Freund und Feind sind von diesem handstreichartigen Unternehmen gleichermaßen überrascht. Das Korps kann trotz fernmündlicher Meldung nicht an diesen geglückten Übersetzversuch glauben. Die Sowjets brauchen ebenfalls eine halbe Stunde, ehe sie sich von ihrem Schock erholen und nun das Gelände systematisch unter starkes Feuer nehmen.
Noch ist die unruhige und schon kühle Nacht nicht vergangen, da erheben sich die tapferen Infanteristen, fassen Karabiner und Handgranaten fester. Der Sturm durch das ebene, sumpfige, verschlammte und nur von wenigen Kusseln bestandene Gelände beginnt. Die ersten Feindstellungen werden mit „Hurra" überrannt, und kurz darauf dringen die Soldaten in Wibli ein! Damit ist das erste größere Dorf jenseits der Dessna besetzt!
Keiner der Offiziere und Männer der 260. ID. weiß in diesem Augenblick, daß sie gerade den äußersten rechten Flügel der 5. Sowjetarmee getroffen haben. Das russische AOK erkennt aber die gefährliche Situation und setzt sofort sein XV. Schtz.-Korps mit den Resten der 24. und 55. Schtz.Div. zum Gegenangriff an. Der Feind bereitet diesen Stoß durch starkes Artilleriefeuer auf das Hintergelände vor. Da die Brücke von Kisselewka, die einzige des Abschnittes, zerstört ist, gelangt weder Verpflegung noch Munition zum IR. 470 nach vorn.
Die Deutschen wehren sich verzweifelt, können aber nicht verhindern, daß die Russen bis nach Wibli vordringen, wo es zu

erbitterten und für beide Seiten verlustreichen Kämpfen kommt. Die Sowjets verstärken sich von Stunde zu Stunde. Bis Mitternacht greifen noch die 62. Schtz.- und 45. mech. Div. in die erbitterten Kämpfe ein. Der Russe geht mit „T 34" gegen Wibli vor und wiederholt seine Gegenangriffe im Morgengrauen des 2. 9. An diesem Tag rennen die Sowjets 15mal gegen die provisorischen Stellungen des IR. 470. Die Infanteristen, die längst keine Munition mehr haben, verteidigen sich nur noch mit Zaunlatten, Kolben und Spaten. Die Landser geben nicht nach und wehren mit diesen primitiven Nahkampfmitteln 15 Großangriffe ab!

Endlich — am Abend sind die beiden anderen Regimenter der Division heran. IR. 480 wird rechts und IR. 460 links von Wibli eingesetzt. Da steckt der Feind auf. Generallt. Schmidt sagt seinen tapferen Soldaten:

> „Die Armee hatte Euch schon aufgegeben, aber ich habe ihr zuversichtlich gemeldet, daß meine Schwaben ihre Stellung halten!"

Die Tapferkeit der 260. ID. hat der 2. Armee die Ausgangsbasis zur großen Schlacht erkämpft!

Die Ausgangsbasis für die Pz.Gruppe 2 ist bereits vor sechs Tagen erfochten worden. Diese Episode gehört zu den wenigen Glücksfällen des Krieges, die durch Unerschrockenheit, Kühnheit und Tapferkeit deutscher Offiziere und Soldaten eingelöst werden. Die Männer des Generalleutnants Model haben diesen Glücksfall beim Schopfe gefaßt und die Position gewonnen, von der sie einmal später den Kessel um Kiew schließen werden!

Die 3. PD. liegt am Abend des 25. 8. vor der Stadt Nowgorod Sewerssk. Die Dessna ist hier 800 m breit. Generallt. Model, der sich bei der Spitzengruppe seiner Division befindet und durch Granatsplitter verletzt wird, stellt den Nachtangriff auf die Stadt der Kirchen und Klöster ein. Es ist nämlich unmöglich, in dieser Dunkelheit über das vom Feind besetzte Höhengelände hinwegzukommen.

Kampfflugzeuge vom Typ "Ju 88" auf Feindflug über der Ukraine. Die beiden Kampfgeschwader 51 und 54 nahmen mit diesen Maschinen an der Kesselschlacht von Kiew teil.

Infanterie auf dem Vormarsch zum Dnjepr. Die tiefen Sandwege und die sommerliche Hitze bringen oft mehr Plagen als der weichende Gegner. Da die motorisierten Fahrzeuge steckenblieben, werden die 3,7-cm-Pak von Pferden gezogen.

Die Nachschubtruppen und bespannte schwere Artillerie können stellenweise den rasch vorgestoßenen Divisionen kaum folgen. Sie sind mit ihren Geschirren pausenlos unterwegs . . .

Die 3. PD. tritt am frühen Morgen des 26. 8. zum Angriff auf Nowgorod Sewerssk mit zwei Kampfgruppen an. Die Vorausabteilung der nördlichen Gruppe — 1./PR. 6, 1./SR. 394, 3./Pz.-Jäg.Abt. 543 und Pi.-Zug 394 — verläßt 3.45 Uhr die Bereitstellung. Die Panzer und MTW fahren trotz Feindfeuer über die Romabrücke, durchbrechen die erste russische Schützensperre und überrollen MG-Stellungen. Heftiger Widerstand zwingt die eigenen Schützen, 3,5 km vor der Stadt aus den MTWs zu springen und die Russen im Nahkampf von der Straße zu vertreiben. Kurz darauf ist der Nordrand von Nowgorod Sewerssk erreicht. Die Panzer und MTWs verhalten. Vor ihren Augen bietet sich ein wunderbares Bild. Links liegt das breite Band der zweiarmigen Dessna. Vor ihnen streckt sich die schöngebaute Stadt über viele Hügel. Und dahinter, da liegt die hohe, 700 m lange Brücke, über die ein unablässiger Verkehr von Panjewagen, Pkw und Lkw rollt.

Oberleutnant Vopel, der Führer der kleinen Kampfgruppe, befiehlt erregt: „Panzer marsch!" Die deutsche Kolonne rast in die Stadt, zersprengt mit wenigen Schüssen eine überraschte Feindgruppe , schießt Lkws in Brand und überquert den Marktplatz. Ein russischer Gefangener muß den Oberleutnant und seine Spitzenpanzer durch die Stadt zur Brücke lotsen. Es ist genau 10.00 Uhr, als die Kampfgruppe die Auffahrt zu der hohen, von vier Pfeilerpaaren getragenen Brücke entdeckt.

Die russische Brückenwache setzt sich zur Wehr. Oberleutnant Vopel läßt seine Panzer in breiter Front auffahren. Der Führer des Pi.-Zuges, Lt. Störck, rast mit seinem MTW unbekümmert um das russische MG- und Schützenfeuer auf die Brücke los. Kurz vor der Brücke springt der Leutnant mit seinen vier Pionieren aus dem Fahrzeug. Die Männer erreichen die Brücke, hetzen über die Holzplanken und suchen die Sprengladungen. Die Russen haben das Vorhaben erkannt und legen Artillerie-, IG- und MG-Feuer auf die Brücke. Die Pioniere gehen sekundenlang in Deckung, springen auf, rasen weiter, finden die erste Sprengladung, die zweite, dritte, vierte, fünfte. Die Sprengladungen werden aus ihren Verstecken gerissen und fliegen im hohen Bogen ins Wasser. Wieder setzt russisches Feuer ein, zwingt die Pioniere erneut in Deckung. Jeden Augenblick kann eine feindliche Granate eine Sprengladung treffen und die Brücke in die Luft jagen.

Oblt. Vopel will nicht mehr warten. Er läßt seine Panzer anrollen. Die Kampfwagen fahren an, donnern auf die Brücke und rattern an den arbeitenden Pionieren vorbei. Uffz. Borowczek erreicht als erster mit seinem P-IV das Südufer der Dessna. Es ist 11.00 Uhr — da stehen die deutschen Panzer jenseits der Brücke!

Die Meldung geht sofort per Funk an das Regiment und an die Division. Oberstlt. Schmidt-Ott, Kdr. des PR. 6, setzt in derselben Minute seine Kompanien in Richtung Brücke in Marsch. Kurz darauf trifft Generallt. Model ein. Er erkennt den strategischen Gewinn dieses Handstreichs und befiehlt die Erweiterung des Brückenkopfes, damit so viel Raum wie möglich gewonnen werden kann!

Die 3. PD. setzt am Morgen des 27. 8. den Marsch fort, überquert die Eisenbahnlinie Kiew — Brjansk und gewinnt die Höhen vor Woronesch. Eine weitere Kampfgruppe der Division bildet bei Pirogowka, südlich von Nowgorod Sewerssk, einen zweiten Brückenkopf. Ein dritter wird südwestlich davon durch eine Kampfgruppe der 10. ID.mot. unter Major Plagemann geschaffen. Die Gruppe gewinnt Obolonje. Die 3./K. 40 (Hptm. Hauß) geht in Schlauchbooten über den Fluß.

Die Pz.Gruppe 2 erringt praktisch im Handstreich drei wichtige Ausgangspositionen für den weiteren Stoß nach Süden. Generaloberst Guderian eilt sofort zum XXIV. AK.mot. Der Generaloberst will seine Chance wahrnehmen. Das XXIV. AK.mot. scheint in eine Lücke gestoßen zu sein — und das heißt für seine Panzer: Vorwärts und durch!

Dem Generalobersten sind aber die Hände gebunden! Er hat sowieso nur zwei Korps zur Verfügung, von dem das XXXXVII. AK.mot. die Ostflanke des XXIV. AK.mot. gegen immer stärkere feindliche Gegenangriffe verteidigt. Guderian wollte von Anfang an sein XXXXVI. AK.mot. nachführen. Diese Anträge sind aber stets vom Heeresgruppenkommando Mitte und vom OKH abgelehnt worden. Das OKH tadelt sogar den erprobten Panzerführer, als dieser ostwärts der Dessna den Feind im Angriff und nicht in Verteidigung schlagen will. OKH und Heeresgruppe lehnen eine „ausholende Bewegung", wie sie die geplante Kampfführung Guderians nennen, ab. Erst am 31. 8., als Guderian wieder um Zuführung des XXXXVI. AK.mot. ersucht, gibt das OKH nach und verlegt das IR.mot. „Großdeutschland" nach Nowgorod Sewerssk, die 1. Kav.Div. und die SS-Div. „Das Reich" an den rechten Flügel des XXIV. AK.mot.

Die Pz.Gruppe 2 steht am letzten Augusttag 1941 mit dem XXIV. AK.mot. in einem weiten Brückenkopf, der von Nowgorod Sewerssk über Sobitsch und Korop reicht. Die Panzerstärken sind durch die rastlosen Angriffe und durch die Abwehr des von Tag zu Tag stärker werdenden Gegners rapide abgesunken. Die 3. PD. verfügt nur noch über 34 und die 4. PD., die im Brückenkopf Nowgorod Sewerssk steht, über 52 einsatzbereite Kampfwagen. Eine willkommene Verstärkung für das Korps bildet die Zuführung von starken Kräften des I. Flak-Korps (General d. Flakartillerie von Axthelm). Die schweren Flakbatterien sind oft die letzte Rettung im Ansturm der russischen Panzer.

Als sich der Monat August seinem Ende zuneigt, haben 2., 6. und 17. Armee sowie Pz.Gruppe 2 alle Ausgangsstellungen erreicht, von denen sie den Stoß in das Herz der Ost-Ukraine antreten können. Damit hat das deutsche Heer Hitlers Plan erfüllt, der ihm am 21. 8. mit der Frontwendung gegeben wurde. Hitler selbst ist von dieser Wendung fasziniert, von der er sich eine Feldzugsentscheidung verspricht. Feldmarschall von Rundstedt und Generaloberst Guderian sind die tatkräftigen Vollstrecker dieses Befehls, an dessen Durchführung zu diesem Zeitpunkt Feldmarschall von Brauchitsch und Generaloberst Halder noch nicht glauben können.

Hitlers Plan wird aber zu Ende geführt von dem Mann, von dem man es am wenigsten erwartet: Stalin.

Stalin und sein Generalstab erkennen Ende August, daß die deutsche Armee den Stoß auf Moskau aufzugeben scheint und daß sich die Angriffsrichtung in die Ukraine verlegt. Die neugebildete „Brjansker Front" des Generalleutnants Jeremenko ist stark genug, die linke Flügelstellung des weit vorgeschobenen Moskauer Verteidigungsrings zu halten. Die Armee selbst geht seit dem 26. 8. im pausenlosen Angriff gegen die Ostflanke der Pz.Gruppe 2 vor.

Stalin fällt nun die folgenschwere Entscheidung, die für das Gelingen der Schlacht um Kiew ausschlaggebend wird. Er befiehlt Ende August, den Rückzug der Heeresgruppe „Südwestfront" sofort einzustellen. Die Truppen sollen kehrtmachen und die Dessna-, Ssula- und Dnjeprfront unter allen Umständen halten! Die nach Osten ins Donezgebiet laufenden Transportbewegungen werden rücksichtslos angehalten und nach Westen zurückgedreht. Die Zivilbevölkerung der Städte und Dörfer wird alarmiert und zum Stellungsbau nach vorn geschickt. Aus dem weiten russischen Reich rollen Divisionen nach Divisionen heran. Sie alle rücken in den großen Frontbogen zwischen Dessna und Dnjepr, dessen Spitze die Stadt und Festung Kiew ist.

Es sind insgesamt 28 Großverbände, die Anfang September von Stalin in diesen Frontbogen befohlen werden. 28 Großverbände, die die Heeresgruppe „Südwestfront" verstärken sollen — und in knapp drei Wochen nicht mehr existieren werden!

DIE SCHLACHT UM KIEW

1. Von der Dessna zum Romen

Das Oberkommando der Heeresgruppe Süd kommt am 1. 9. — als die 17. Armee gegen überraschend geringen Widerstand bei Krementschug ihre Brückenköpfe bildet — zu folgender Lagebeurteilung:

> „. . . ist bei den Armeen 38, 26, 5 der roten Südwestfront sowie bei der 21. Armee immer noch eine verhältnismäßig planmäßige und straffe Führung zu erkennen. Durch das Vorgehen der 2. Armee gedrängt, üben hierbei die noch westlich der Dessna im Raum nordwestlich Tschernigow befindlichen roten Kräfte einen zunehmenden Druck gegen den Nordflügel des Dnjeprbrückenkopfes der 6. Armee aus. Der starke Widerstand vor 6. und 2. Armee wird zudem von dem Bestreben, Kiew möglichst lange zu halten, mit beeinflußt sein. Im Rahmen der eigenen Operationsabsichten der H.Gr. ist das starre Festhalten stärkerer feindlicher Kräfte an der unteren Dessna nur erwünscht."

Feldmarschall von Rundstedt, der die Sorge des OKH, die Offensive auf Moskau könne versanden, sehr gut versteht, erkennt aber, daß trotzdem die Schlacht um Kiew erst geschlagen werden muß, um den Stoß auf Moskau mit einer freien Flanke fortsetzen zu können. Er läßt am selben Tag dem Chef der

Operationsabteilung im OKH und dem Heeresgruppenkommando Mitte eine weitere Lagebeurteilung überreichen, in der der Feldmarschall genaue Vorschläge zum Schlagen der Schlacht gibt.

Diese Lagebeurteilung vom 1. 9. spricht davon, daß 2. Armee und Pz.Gruppe 2 nicht bis zur Dessna, sondern über die Dessna weiter angreifen und im Rahmen der Heeresgruppe Süd fechten sollen! Als vorläufiges Ziel dieser Südangriffe wird die Linie Priluki — Romny genannt. Die Lagebeurteilung gipfelt in den Worten:

> „... Wird der Feind in der Ost-Ukraine nicht vernichtet, so können weder H.Gr. Süd nach H.Gr. Mitte zu einer zügigen Operation kommen ... Für ein zeitliches Vorziehen der Operation Moskau ist die eingeleitete Operation der H.Gr. Süd und der mit ihr zusammenhängende Ansatz des Südflügels der H.Gr. Mitte schon zu weit gediehen ..."

Feldmarschall von Rundstedt bringt damit klipp und klar zum Ausdruck, daß seine Heeresgruppe bereits eine Schlacht einleitet, von der zu diesem Zeitpunkt das OKH noch nichts wissen will. Das Heeresgruppenkommando drängt förmlich mit dieser Beurteilung das OKH, nun endlich die notwendigen Befehlsgrundlagen zu schaffen, damit die Schlacht einheitlich geführt und geschlagen wird. Der Chef des Generalstabes, General d. Inf. von Sodenstern, berichtet am 1. 9. in einem persönlichen Brief an den Chef des Stabes der 2. Armee, Oberst i.G. von Witzleben, von den Sorgen, Gedanken und Erwägungen des Feldmarschalls. Er schreibt u. a.: „Wer Moskau will, muß Budjenny geschlagen haben — und zwar so schnell wie möglich!" Das OKH schweigt. Da greift Feldmarschall von Rundstedt ein und befiehlt der 17. Armee am 4. 9., nach der Bildung des Brückenkopfes bei Krementschug unverzüglich zum Angriff über die Linie Mirgorod — Lubny, sowie der Pz.Gruppe 1, gegen die Linie Krassnograd — Poltawa vorzugehen! Der Oberbefehlshaber der Heeresgruppe Süd stellt damit das OKH vor vollendete Tatsachen!

Das OKH zögert noch immer, da sich Heeresgruppe Mitte und Nord augenblicklich in einer Krisensituation befinden. Erst als von Tag zu Tag das Feindbild stärker erkennen läßt, daß die Sowjets mehr und mehr Kräfte an die Dessna- und Dnjeprlinie werfen, übernimmt das OKH die Gesamtführung der sich anbahnenden Schlacht.

Der Chef der Operationsabteilung teilt am 6. 9. der Heeresgruppe Süd mit, daß „für die sich entwickelnde Operation ostwärts des Dnjeprs der Ansatz der H.Gr. im Grundsatz so bleiben kann, wie er vorgesehen ist. Es kommt jedoch der Obersten Führung darauf an, daß die Schlacht so schnell wie möglich durchgeschlagen wird, damit die darauffolgende Operation der H.Gr. Mitte keine längere Verzögerung erleidet."

Das OKH greift ab 6. 9. tatkräftig in die Befehlsführung ein. Der bisherige Ansatz der Heeresgruppe Süd wird, trotz grundsätzlicher Zustimmung, so geändert, daß jetzt die Pz.Gruppe 1 nicht in Richtung Poltawa, sondern in Richtung Romny angreift. Die Verbindung mit der Pz.Gruppe 2 soll dort hergestellt werden. Die 17. Armee dagegen hat mit der Masse ihrer Kräfte den Flankenschutz nach Osten zu übernehmen und sich nur mit einem Korps an der Schlacht selbst zu beteiligen!

Generaloberst Halder begibt sich am 7. 9. nach Uman, wo sich das Hauptquartier des Feldmarschalls von Rundstedt befindet. Der Generalstabschef hört sich die Lagevorträge an und führt Besprechungen mit dem Feldmarschall und dessen Stabschef durch. Diese Besprechungen zeitigen die Weisung Nr. 8 des Oberkommandos der Heeresgruppe Süd, die den endgültigen Ansatz der Truppen zur Schlacht befehlen. Punkt 3 dieser Weisung spricht das Ziel dieser Schlacht aus:

> „. . . die noch am mittleren Dnjepr und an der unteren Dessna stehenden Feindkräfte durch doppelseitige Umfassung aus den Räumen um Krementschug, Njeshin und Konotop vernichten!"

Die Schlacht um Kiew, die klassische Vernichtungsschlacht des 2. Weltkrieges, beginnt damit „offiziell", obwohl die

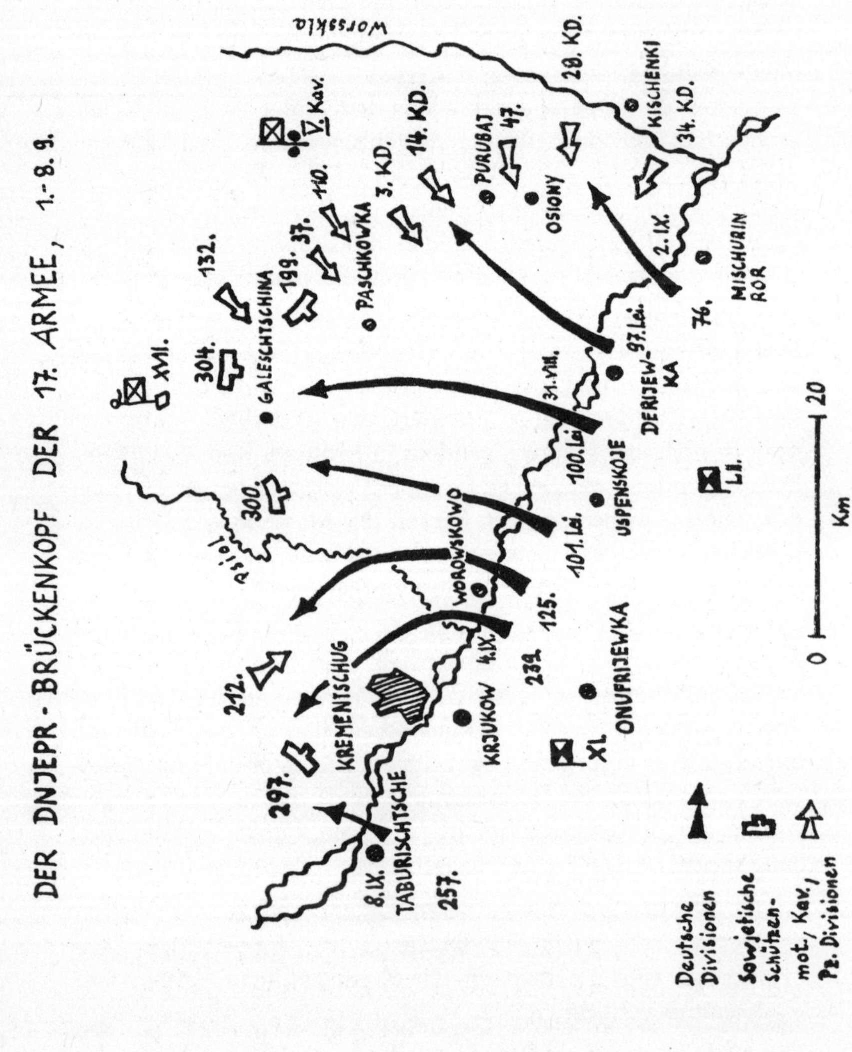
DER DNJEPR-BRÜCKENKOPF DER 17. ARMEE, 1.-8.9.
Worskla
28. KD.
KISCHENKI
34. KD.
47.
V. Kav.
14. KD.
PURUBAJ
OSIONY
110.
3. KD.
37.
PASCHKOWKA
199.
132.
GALESCHTSCHINA
304.
XVII.
2.IX.
MISCHURIN ROR
76.
97. Lei.
DERIJEW-KA
31.VIII.
100. Lei.
USPENSKOJE
LII.
300.
Psiol
101. Lei.
WOROWSKOWO
125.
239.
ONUFRIJEWKA
4.IX.
KREMENTSCHUG
212.
KRJUKOW
XI.
297.
TABURISCHTSCHE
8.IX.
257.
Deutsche Divisionen
Sowjetische Schützen-
mot., Kav., Pz. Divisionen
0
20
Km

Divisionen aller beteiligten Armeen bereits mitten im Kampfgeschehen stehen. Die Masse von drei deutschen Infanteriearmeen und zwei Panzergruppen mit insgesamt 581 Panzern und die Luftflotte 4 mit 203 Bomben-, 166 Jagd-, 39 Zerstörer-, 60 Sturzkampf- und 13 Aufklärungsflugzeugen sind gegen sieben sowjetische Armeen zur Schlacht um die Ukraine angetreten!

*

Die Pz.Gruppe 2 des Generalobersten Guderian ist die linke Flügelarmee dieser Zangenbewegung. Die Pz.Gruppe kann allerdings nur mit einem Korps in dieser Schlacht operieren, da das zweite (XXXXVII. AK.mot.) die gesamte Ostflanke schützen muß. Dieser unglückliche Ansatz ist gar nicht im Sinne Guderians, der lieber mit seinen beiden Korps ohne Rücksicht auf den Feind in der Flanke nach Süden durchstoßen will, um die Schlacht schneller zu entscheiden. Der Generaloberst kommt allerdings mit diesem Wollen nicht durch, da das Heeresgruppenkommando das XXXXVII. AK.mot. für den Angriff ostwärts der Dessna nicht freigibt. Die Unstimmigkeiten zwischen Heeresgruppenkommando und Pz.Gruppe gehen sogar so weit, daß man Guderian seines Postens entheben will!

Die Pz.Gruppe 2 erläßt am 3. 9. einen Befehl, der den weiteren Einsatz des XXIV. AK.mot. regelt. Dieser Befehl lautet kurz und bündig:

> „Feind geht vor linkem Flügel der 2. Armee nach Ost und Südost zurück. Pz.Gr. 2 greift mit rechtem Flügel (1. Kav.-D., SS-D. „Das Reich", 10. ID.mot.) diesen Feind an XXIV. AK. mot. (3. und 4. PD.) setzt Angriff gegen Linie Bachmatsch — Konotop fort ... 10. ID.mot. geht später aus Brückenkopf Korop nach Süden vor ..."

Die 1. Kav.D. steht an diesem Tag noch weit rückwärts, da sie sich mit der Masse noch im Anmarsch von Gomel her befindet. Die SS-D. „Das Reich" ist vorläufig nur mit dem Regiment „Der Führer" im Raum Awdejewka eingetroffen. Das Regiment stellt sich bei strömendem Regen, ohne auf das Nachfolgen der Division zu warten, für den morgigen Angriff bereit. Die 10.

ID.mot. hält den seit 1. 9. gewonnenen Brückenkopf um Korop. Die Sowjets rennen allerdings seit drei Tagen mit überlegenen Kräften gegen die deutsche Stellung an. Das IR. 41 muß sich als Flankensicherung nördlich der Dessna mit vier feindlichen Divisionen herumschlagen. Das I./IR. 20 wird sogar von russischen Panzerrudeln eingekesselt, kann sich aber schließlich nach Norden durchkämpfen. Das Korps hat eilig die 4. PD. nach Korop befohlen, um die Lage zu bereinigen.

Die 3. PD. ist wiederum am 3. 9. vom Glück begünstigt. Generallt. Model hat verschiedene Kampfgruppen angesetzt, denen es gelingt, den Retjfluß zu überwinden und am Abend mit dem SR. 3 (Oberst von Manteuffel) in Krolowez einzudringen! Die Schützen machen an diesem Tag zwei Gefangene, die für den weiteren Ansatz der Division von großer Bedeutung sind. Als die Kampfwagen des PR. 6 einen Transportzug stellen und die Insassen gefangennehmen, zeigt es sich, daß sich darunter ein Träger des Leninordens befindet. Es ist der Generalingenieur Tschistoff, der als Generalbevollmächtigter des Obersten Sowjets den Bau der Befestigungen an der Dessna leitet. Des weiteren gerät ein Offizier des Generalkommandos des gegenüberliegenden russischen Korps in die Hände der Soldaten Models. Dieser trägt Karten und Lagepläne bei sich, die Aufschluß über die feindlichen Stellungen geben.

Der Angriff des XXIV. AK.mot. beginnt trotz anhaltenden Regenwetters und aufgeweichter Straßen am Morgen des 4. 9. Die 1. Kav.Div. rückt in Eilmärschen heran, um die Lücke zur benachbarten 45. ID. der 2. Armee zu schließen. Die SS-Männer der Division „Das Reich" setzen ohne große Artilleriefeuervorbereitung 5.00 Uhr zum Sturm auf die starken Feindstellungen an.

Der erste Angriff bricht im Feuer zusammen, ein zweiter, ein dritter. Noch einmal geht es mit „Hurra" vor. Diesmal glückt es dem II./„DF" unter Hauptsturmf. Harmel, die feindliche Front aufzubrechen. Das Bataillon achtet nicht auf die Russen in beiden Flanken. Offiziere und Soldaten stürmen nach vorn,

Die vielen Flußläufe bilden kaum Hindernisse für die vormarschierende Truppe. Während noch die Pioniere Bohlen und Stämme zum Brückenschlag herantransportieren, durchfahren die schweren Kraftfahrzeuge bereits das seichte Wasser.

Da die Wege tief versandet und ausgefahren sind, kommen die schweren Wagen nur mit tatkräftiger Unterstützung einer aufgeschlossenen Reserveeinheit voran. Bild aus Südrußland von Ende Juli 1941.

Der Schlächtereizug einer Infanteriedivision hat gut gearbeitet. Die Würste halten auch den prüfenden Blicken des Herrn Hauptfeldwebels stand.

Die rückwärtigen Dienste – wie hier in der Backstube einer Bäckereikompanie – kommen Tag und Nacht nicht zur Ruhe.

Empfang von Marketenderware beim Fourier einer Artillerieeinheit im Schutze eines ukrainischen Bauernhauses.

brechen durch, verfolgen den flüchtenden Feind. Das Bataillon überrumpelt am Nachmittag nach einem handstreichartigen Übergang über den Ubedy einen feindlichen Divisionsstab. Die Russen werden direkt aus ihren Quartieren geholt! 20 Feldhaubitzen sind die weitere Beute des Bataillons. Der Durchbruch des II./„DF" hat auch dem III./„DF" (Hauptsturmf. Lingner) Raum geschaffen, das bis zum Abend ebenfalls am Ubedy anlangt.

Dieser Angriff macht der um Korop stehenden 10. ID.mot. den Rücken frei. Da gleichzeitig die 4. PD. in die Flanke der Sowjets stößt, bricht der feindliche Widerstand am Brückenkopf Korop zusammen. Die Russen beginnen, sich auf den Sejm zurückzuziehen. Die 10. ID.mot., die an dieser Frontstelle am schwersten gelitten hat, konnte in den letzten 8 Tagen 3700 Gefangene einbringen, 18 Panzer und 8 Geschütze vernichten.

Das XXIV. AK.mot. meldet am 4. 9., daß es in dem Zeitraum zwischen 25. 8. und 4. 9. insgesamt 13 700 Gefangene gemacht, 101 Geschütze und 26 Panzer vernichtet bzw. erbeutet hat. Da sich die Divisionen auf den wenigen, durch Regen aufgeweichten Straßen bewegen, bleiben die Dörfer und Wälder abseits der Rollbahn unbeobachtet. Kleine und größere Gruppen russischer Soldaten finden sich zusammen und bedrohen von dorther immer erneut die Nachschubstraßen. Generaloberst Guderian hat zur Säuberung des rückwärtigen Gebietes eine Kampfgruppe unter Oberst Bacher eingesetzt, die bisher 1 200 Versprengte gefangen hat.

Der größte Erfolg wird am Abend im Abschnitt der 3. PD. erzielt. Generallt. Model verlegt seinen Gefechtsstand in das Schulgebäude von Krolowez. Eine sowjetische Aufklärungsmaschine kreist mehrmals über dem Ort. Die leichte Flak des Gefechtsstands geht in Stellung und jagt ihre Leuchtspurgeschosse nach oben. Das Flugzeug brennt und stürzt unweit des Schulgebäudes ab. Der Pilot kann sich mit dem Fallschirm retten. Der Russe gibt sich nicht gefangen, sondern flieht. Dabei läuft er genau in die Garbe eines MG. Als der Ic der Division,

Lt. von dem Knesebeck, die Uniformtaschen des Toten untersucht, entdeckt er Befehle über die Luftverteidigungsanlagen von Moskau und Brjansk sowie eine genaue Lagekarte der feindlichen Truppen vor dem XXIV. AK.mot.

Dieser Fang wird sofort an Korps und Pz.Gruppe weitergemeldet. Generaloberst Guderian und General Geyr von Schweppenburg staunen, als die Auswerter feststellen, daß die 3. PD. genau in der Lücke zwischen 13. und 21. Sowjetarmee steht!

Generallt. Model dürfte nicht von seinen Landsern General „Vorwärts" genannt werden, wenn er nicht noch an diesem Abend die rastlose Verfolgung bis zum Sejm befehlen würde. II./PR. 6 (Oberstlt. Munzel) und AA. 1 (Hptm. Ziervogel) treten am 5. 9., 6.00 Uhr, zu diesem Stoß an. Die Kampfgruppe erreicht in einem Zuge die Höhen nördlich Mutino. Als das II./SR. 3 heran ist, stürmen die Schützen mit „Hurra" in die Stadt. Die Russen sprengen allerdings kurz vor dem Erreichen des Flusses die Sejmbrücke in die Luft. Doch Model steht mit seiner Division am Sejm!

Der Stoß der 3. PD. schafft auch der rechts benachbarten 4. PD. etwas Luft. Hier und vor der 10. ID. beginnen sich die Sowjets ebenfalls auf den Sejm abzusetzen. Die SS-Div. „Das Reich" hat mehr und mehr aufgeschlossen und greift nun unaufhaltsam nach Südwesten an. Generaloberst Guderian beobachtet das schneidige Vorgehen der SS-Männer, vor denen der Gegner kopflos ausweicht.

Die SS-Division setzt den Angriff am Morgen des regnerischen 6. 9. fort. Das I./„Der Führer" dringt an der Spitze bei Mjena in eine Feindkolonne und zersprengt diese. Damit ist der Weg auf Makoshin an der Dessna frei. Zwei schwere Panzerzüge versuchen hier den Rückzug der Russen über den 60 m breiten Fluß zu sichern. Die Division verhält, um Fliegerunterstützung zu erbitten. Die erwarteten Stukas kommen und kommen nicht. Generaloberst Guderian, der sich auf dem Regimentsgefechtsstand befindet, befiehlt 14.00 Uhr trotzdem „Angriff". Das Kradschützenbataillon braust los. Die Soldaten dringen kühn vor, brechen in Makoshin ein und drücken den verbissen kämpfenden Feind Meter für Meter aus der Stadt.

Da — es ist 14.30 Uhr, eine Stunde verspätet — sind die Stukas da und stürzen sich mit heulenden Motoren auf Makoshin. Signalflaggen und Leuchtkugeln versuchen diesen Angriff zu stoppen. Umsonst! Die Bomben bersten inmitten der anstürmenden Kradschützen und auf den beiden Panzerzügen. Freund und Feind zahlen hohe Verluste. Doch durch den Ausfall der Panzerzüge ist die Feuerkraft der Russen geschwunden. Die Sowjets geben nach ...

Untersturmf. Frank, Führer 14./„Der Führer", und Obersturmf. Rentrop, Chef 2./SS-Flak-Abt. 2, nutzen die Chance und stürmen mit nur vier Soldaten durch die brennende Stadt, hetzen auf die Eisenbahnbrücke, reißen die Sprengladungen heraus und gewinnen das Südufer der Dessna! Die Sowjets erkennen in derselben Sekunde die Gefahr, in die sie geraten, wenn die SS-Männer den Brückenkopf gewinnen. Schweres Artillerie- und Werferfeuer haut auf die Brücke. Ein Nachkommen anderer Gruppen ist unmöglich. Die wenigen Männer bleiben am Südufer allein. Sie krallen sich in die Erde — und halten aus! Erst im Dunkel der Nacht können zwei Sturmgeschütze und einige Kradschützen über die Brücke rollen.

Am 6. 9. macht sich auch der Angriff der 4. PD. bemerkbar. Das PR. 35 stürmt Baturin, kommt aber nicht über den Sejm, da die Russen die Brücke zerstört haben. Die links davon fechtende 3. PD. kann an diesem Tag ebenfalls nicht über den Fluß. Zwar versucht die Division, an verschiedenen Stellen Raum zu gewinnen. Der Feind zeigt sich aber ziemlich stark, so daß alle Kampfgruppen nur bis zum Sejm, aber nicht darüber gelangen.

Generaloberst Guderian ist mit seinem XXIV. AK.mot. in eine Lücke gestoßen. Jetzt allerdings muß er erkennen, daß das Korps in Gefahr gerät, vom Osten her durch den Gegner von der übrigen Front abgesprengt zu werden. Das IR.mot. „Großdeutschland" (Oberst von Stockhausen) steht zwar schon zwischen 17. und 3. PD., vermag aber nicht, die von Tag zu Tag länger werdende Flanke zu sichern. Das Regiment hat am 6. 9. Befehl erhalten, Gluchow zur Deckung der Flanke zu nehmen. Gleichzeitig wird der 10. ID.mot. befohlen, sich aus der bisherigen Front zu lösen und nach Osten abzumarschieren.

Als weitere Verstärkung wird das I. Flak-Korps an die Ostflanke des Korps verschoben und geht hinter dem XXXXVII. AK.mot. in Stellung. General von Axthelm, der Kommandierende General, läßt ein Flak-Rgt. beiderseits Nowgorod Sewerssk zum Schutz der Dessna-Übergänge zurück. Ein zweites Regiment folgt dem XXIV. AK.mot.

Der 7. 9. sieht endlich die Divisionen auf dem Südufer des Sejm. Die Kampfgruppe des Obersten Kleemann der 3. PD. erzwingt bei Melnja den Übergang. Das I./SR. 394 (Major Haas) erweitert den Brückenkopf bis zu einer Tiefe von 3 km. Die Pioniere gehen sofort daran, eine Kriegsbrücke zu erstellen, die bis 4.00 Uhr am anderen Morgen fertig ist. Das SR. 33 der 4. PD. bildet bei Mittschenki ebenfalls einen Brückenkopf. Das Pi.-Btl. 79 baut trotz heftiger Luftangriffe eine Brücke.

Damit ist es gewiß, daß das Korps am nächsten Tag aus den Brückenköpfen antreten wird. Die Heeresgruppe Mitte befiehlt am Abend des 7. 9.: Stoßrichtung Romny. Der rechte Flügel des XXIV. AK.mot. soll in der Linie Borsna — Romny diesen Stoß abriegeln, nachdem Verbindung mit der 2. Armee hergestellt ist. Generaloberst Guderian unterzeichnet in der Nacht zum 8. 9. einen Befehl, der auszugsweise wie folgt lautet:

> „5. und 21. russische Armee im Kampf vor 2. und Nordflügel 6. Armee, zu deren Flankenschutz Russe Abwehrfront am und südlich des Sejm aufzubauen versucht. 2. Armee hat mit linkem Flügel Dessna-Übergang erzwungen und stößt mit diesem bis Borsna durch.
>
> Pz.Gruppe 2 setzt Angriff gegen Linie Borsna — Romny fort, um dem vor 2. Armee kämpfenden Feind den Rückzug nach Osten zu verlegen.
>
> XXIV. AK.mot. erzwingt mit allen Divisionen Sejm-Übergang, setzt Angriff gegen Linie Borsna — Medweshje fort und gewinnt Brückenköpfe über Borosna und Romen ..."

Wie sieht es am Abend dieses Angriffstages beim XXIV. AK.mot. aus? Die am rechten Flügel kämpfende SS-Div. „Das Reich" hat nun endlich den starken Feindwiderstand bei Makoshin überwunden und befindet sich mit den Regimentern „Großdeutschland", „Der Führer" und dem Kradschützen-Bataillon im Angriff bei Pratschi. Die 4. PD. ist von Mittschenki aus auf Baturin angetreten. Die 3. PD. durchbricht Feindstellungen nördlich Nerewki und erreicht die Straße Krasnopole — Popowka.

Das sowjetische AOK 5 erkennt jetzt, daß Panzerkräfte in seinem Rücken stehen. Generalmajor Potapow erbittet von Marschall Budjenny die Genehmigung zum Rückzug seiner Armee nach Osten, bevor die Deutschen diesen Weg abschneiden. Marschall Budjenny, der alte Haudegen des Bürgerkrieges, der nichts vom Nachgeben hält, muß schließlich die gefährliche Lage seiner Armee einsehen und ist mit einem Rückzug einverstanden. Da schaltet sich das Moskauer Hauptquartier ein. Stalin verbietet rigoros jede Absetzbewegung! Er unterstellt Marschall Budjenny die 21. Armee unter Generallt. Kusnezow, die durch den Angriff der 3. PD. von der Heeresgruppe „Brjansker Front" abgespalten ist. Stalin glaubt fest, daß damit der Marschall genügend Truppen zur Verfügung hat, um Guderian ein endgültiges Halt zu gebieten. Stalin hat durch den ihm unverständlichen Antrag Budjennys auf Rückzug das Vertrauen zu diesem alten Kosakengeneral verloren. Wenige Tage später wird er ihn seines Amtes entheben ...

Der Vormarsch der Divisionen Geyr von Schweppenburgs gewinnt vom 9. 9. an mehr und mehr die Art einer Verfolgung. Die SS-Div. „Das Reich" stürmt der Bahnlinie Makoshin — Bachmatsch entlang. Ihre Regimenter wechseln sich im überholenden Einsatz ab, so daß am frühen Morgen des 10. 9. das Regiment „Der Führer" unter Sturmbannf. Kumm in Bachmatsch eindringt. Die 4. PD. stürmt nach Stukavorbereitung Gorodischtsche. Die Männer der I./PR. 35 und des SR. 12 nehmen unter den Augen des Befehlshabers der Pz.Gruppe die Stadt. Die 3. PD. greift mit der Vorausabteilung des Majors Frank auf den Romenabschnitt an. Die Soldaten gewinnen im

Handstreich die Brücken bei Korabutowo und halten den Brückenkopf, bis in der Nacht die nachmarschierende Kampfgruppe des Obersten von Manteuffel da ist.

Die Soldaten der 3. PD. erfahren in dieser Nacht, warum sie von ihrem General pausenlos nach vorn befohlen werden: Sie sollen so schnell als möglich die Vereinigung mit den von Süden her zu erwartenden eigenen Panzerdivisionen herstellen. Jetzt ahnt auch der einfache Landser, daß er seinen Teil dazu beitragen muß, um irgendwo einen Kessel zu schließen, in dem die Truppen Budjennys einzuschließen sind.

Die in Korabutowo haltende Vorausabteilung der 3. PD. empfängt in der Nacht den Angriffsbefehl:

> „... um mit unterstellter Vorausabteilung Frank noch in der Nacht vom 9. zum 10. 9. 1941 auf Romny vorzustoßen."

Der Himmel ist am 10. 9. dicht bewölkt. Ein schauerartiger Regen verwandelt die Straßen und Wege im Nu zu Schlammpfuhlen. Viele Fahrzeuge bleiben stecken und können nur durch Zugmaschinen aus dem Morast herausgezogen werden. Die Kräder kommen nur vorwärts, wenn sich die Fahrer mit der rechten Hand an der Rückwand eines Lkw festhalten. Die Vorausabteilung des Majors Frank läßt sich trotz dieser unsäglichen Quälereien nicht abhalten und gelangt, wenn auch weit auseinandergezogen, langsam voran.

Die Pz.Spähwagen der AA. 1 und die schweren P-IV der 8./PR. 6 halten die Spitze. Offiziere und Soldaten erkennen gegen Mittag am Nordostrand eines Höhenzuges, der wie eine Insel aus der See aufragt, die Häuser von Romny. Die Fahrer treten auf die Gaspedalen. Panzer, Pz.Spähwagen und Kräder brausen auf die erste Brücke über den Romen los. Die Sowjets, die den tiefen Flußeinschnitt durch Panzergräben und Drahthindernisse gesichert haben, sind von dem schnellen Auftauchen der Fahrzeuge mit dem Eisernen Kreuz zu überrascht, um energische Abwehr zu leisten.

Die deutschen Soldaten lassen sich nicht aufhalten, achten nicht auf die pfeifenden Geschosse, rasen über die Brücke des Bolsch.

Romen und dringen wenige Minuten später vom Nordwesten her in Romny ein. Ohne Aufenthalt geht es weiter, mitten durch die Stadt bis zur Brücke über die Ssula am jenseitigen Ausgang. Als die Kampfwagen das feindliche Flußufer erreichen, scheinen die Russen aus ihrer Lethargie zu erwachen.

Sowjetische Schützen tauchen plötzlich an allen Ecken und Enden der sauberen Stadt auf, nehmen die deutschen Kolonnen unter Feuer, überfallen einzelne Fahrzeuge und morden hinterhältig kleinere Späh- und Stoßtrupps. Der Kampf klingt erst etwas ab, als am Nachmittag die Marschgruppe des Obersten Kleemann herangekommen ist. Die Schützen säubern nun systematisch die Häuserviertel. Da greift die sowjetische Luftwaffe ein. Die Schlacht- und Tiefflieger stürzen sich trotz des schlechten Wetters auf die Stadt und beschießen unsere Gruppen mit Bordkanonen und MGs. Bomben reißen die Häuser nieder, so daß Romny am Abend nur noch eine glühende Fackel ist. 25 Bombenangriffe gehen bis zum Einbruch der Dunkelheit auf die schwerwunde Stadt nieder.

Offiziere und Soldaten der 3. PD. sind in dieser regenreichen Nacht todmüde. Sie finden aber keine Ruhe, denn immer wieder kommt es in der brennenden Stadt zu Scharmützeln mit kleinen Trupps von Russen. Verpflegung gibt es nicht, da kein Lkw über die aufgeweichten Straßen kann. Die Männer Models haben keine Zeit, darüber nachzudenken, wie wohl auch keiner sich erinnert, daß Romny im Dezember 1708 das Hauptquartier des Königs Karl XII. von Schweden gewesen ist, bevor sein Heer von Peter dem Großen im Jahre darauf bei Poltawa vernichtend geschlagen wurde.

Generaloberst Guderian begibt sich noch am 10. 9. zur 3. PD. Hier erhält er nicht nur die Tagesmeldungen seiner Korps und Divisionen, sondern auch die Weisung der Heeresgruppe, daß die Pz.Gruppe 1 wegen des schlechten Wetters voraussichtlich nur langsam vorankommen wird. Die Pz.Gruppe 2 muß deshalb ihren Vormarsch über Romny, das eigentlich Schlußpunkt der Südoffensive sein sollte, bis Lochwiza fortsetzen!

2. Der Angriff der 2. Armee

Der glückhafte Ansatz des XXIV. AK.mot. bei der Pz.Gruppe 2 trifft schon am 3. 9. — wie im vorherigen Kapitel berichtet — auf eine schwache Feindstelle. Dagegen kämpft die rechts anschließende 2. Armee gegen einen zahlenmäßig starken Gegner, der sich noch in einer zusammenhängenden Front befindet. Es ist lediglich der 260. ID. gelungen, in einem kühnen Satz die Dessna zu überqueren und einen Brückenkopf südostwärts Tschernigow zu bilden. Die Division ragt mit ihren drei Regimentern wie ein Pfeil in die Front der 5. Sowjetarmee.

Das feindliche AOK faßt die Divisionen seines XV. und LXVI. Schtz.Korps zusammen, um diesen Brückenkopf einzudrücken. Gefährlich sind die Angriffe der Russen besonders von Osten her. Hier befinden sich noch 10 Schtz.- und 3 Kav.Div., die gegen die nördlich der Dessna aufkommenden 131. und 293. ID. anrennen. Die 2. Armee führt im Eilmarsch die 45. ID. über Gomel an ihren linken Flügel, damit den Sowjets nicht die Möglichkeit gegeben wird, eventuell dort durchzubrechen und die deutsche Front von Nordosten her aufzurollen.

Da ist es wiederum der energische Angriff des XXIV. AK.mot., der dem linken Flügel der 2. Armee Luft schafft. Als 10. ID.mot. und SS-Div. „Das Reich" den Raum um Korop erreichen, sieht sich das LXVII. sowj. Schtz.Korps gezwungen, eilig zurückzugehen, um nicht eingeschlossen zu werden. Die russischen Absetzbewegungen vor der 2. Armee beginnen sich am 5. 9. abzuzeichnen.

Feldmarschall Kesselring, der OB der Luftflotte 2, setzt nun starke Kräfte seines II. Flieger-Korps (General der Flieger Loerzer) ein, um der 2. Armee vorwärtszuhelfen. Die deutschen Schlacht-, Kampf- und Jagdstaffeln sind Anfang September noch nicht so recht zum Zuge gekommen, da das schlechte Wetter kaum einen erfolgversprechenden Einsatz zuließ. Nun greifen unsere Maschinen direkt in den Erdkampf ein. Ihr Einsatz schafft besonders der 260. ID. in ihrem exponierten Brückenkopf Bewegungsfreiheit. Nachdem Stukas und Kampfflugzeuge die stets von neuem anbrandenden sowjetischen Schützenwellen in die Verteidigung zwingen, können die Pioniere innerhalb von 48 Stunden eine Kriegsbrücke über die Dessna bauen.

Das AOK 2 gibt am 6. 9. Befehl zum Angriff auf der gesamten Front. Kampfflugzeuge und Batterien eröffnen am Morgen dieses regnerischen Tages diesen Stoß nach Süden. XIII., XXXXIII. AK. und Höh.Kdo. XXXV treten mit (von rechts nach links): 17., 134., 260., 131., 293., 112. und 45. ID. gleichzeitig an. Der Widerstand der sowjetischen 5. Armee ist wider Erwarten gering. Das feindliche AOK befürchtet an diesem Tag, daß es durch die Panzer Geyr von Schweppenburgs im Rücken angegriffen wird und löst deshalb einen Teil seiner Divisionen aus der Front, um sie eilig nach Osten zu transportieren.

Die deutsche 2. Armee verbucht bereits am Abend des ersten Angriffstages einen Erfolg. Das XIII. AK. am rechten Flügel verharrt mit 17. und 134. ID. in den bisherigen Stellungen nordwestlich des Bahn- und Straßenknotenpunktes Tschernigow. Die anschließende 260. ID. hat den feindlichen Widerstand vor Wibli endgültig gebrochen und befindet sich im zügigen Vorgehen nach Südwesten. Die Spitze der tapferen schwäbischen Division erreicht noch am Abend die Straße Tschernigow — Kiew dicht südlich von Annissowo.

Das XXXXIII. AK. schiebt seit dem frühen Morgen des 6. 9. die 131. ID. über die Dessna in den Brückenkopf von Wibli. Die Division stößt nun links der 260. ID. nach Süden. 293. und 112. ID. marschieren nördlich der Dessna zum Fluß auf. Die 112. ID. trifft hierbei auf weniger Feindwiderstand und steht am Abend an der Dessna. Die 45. ID. rückt hinter dieser Division ebenfalls nach Süden.

Die feindlichen Kräfte im Raume Mena geraten von nun an in die Zange des Höh.Kdo. XXXV und der von Osten her angreifenden SS-Div. „Das Reich". Die Sowjets geben nach und weichen am 7. 9. weiter nach Süden aus. Das XXXXIII. AK. überschreitet an diesem Tag ebenfalls die Dessna und reißt damit die 131. ID. weit nach Süden vor. Die Sowjets verschanzen sich eilig an der Bahnlinie Tschernigow — Njeschin.

Der Bericht des OKW meldet diese Kämpfe mit folgenden Sätzen:

„In der Mitte der Ostfront arbeiteten sich deutsche Truppen in äußerst heftigen Kämpfen an einen Fluß vor. Unter Einsatz aller körperlichen Kräfte konnte auf völlig morastigen und verschlammten Wegen und Sumpfgelände Munition und Proviant so rechtzeitig nach vorne gebracht werden, daß die Kampfhandlungen ihren geplanten Verlauf nehmen konnten. Starke sowjetische Verbände wurden unter Zurücklassung vieler Toter geworfen."

Die Lage an der Nordfront der 5. Sowjetarmee verschlechtert sich zusehends. Mittlerweile ist von Westen her die 6. Armee in breiter Front im Angriff und treibt die Russen auf engem Raum nach Osten. Die ersten Auflösungserscheinungen machen sich bemerkbar. Nicht einmal mehr die Kommissare haben ihre Truppen fest in der Hand. Die Zahl der Überläufer wächst täglich. Die vormarschierenden Deutschen finden Mengen an weggeworfenen Handfeuerwaffen, liegengelassenem Gerät oder umgestürzten Geschützen und Traktoren. Es besteht kein Zweifel mehr, daß die feindliche Kiew-Armee ins Wanken gekommen ist.

Die Russen haben das Südufer der Dessna geräumt und verteidigen am 8. 9. die Bahnlinie Tschernigow — Njeschin. Sie halten lediglich noch die Stadt Tschernigow als den am weitesten nach Norden vorgeschobenen Stützpunkt. Die 62., 200., 232. Schtz.- und die 45. mech. Div. stehen in den Verteidigungsstellungen, müssen sich aber schon nach drei Seiten verteidigen. Teile der 98. deutschen ID. sind bereits von Süden herangekommen und haben Verbindung mit der 17. ID. aufgenommen. Tschernigow hat deshalb nur noch nach Südosten einen schmalen Verbindungsweg zur Masse der 5. Armee.

Das russische AOK sieht die Ausweglosigkeit der Lage ein und befiehlt am 9. 9. den allgemeinen Rückzug. Die feindlichen

Truppenverbände versuchen sich von den hart nachstoßenden deutschen Divisionen zu lösen und ziehen sich teilweise in kopf loser Flucht nach Südosten auf Njeschin zurück. Die feldgrauen Regimenter bleiben dem Feind hart auf den Fersen. Die Gefechte und kleineren Scharmützel sind außerordentlich hart. Vorübergehend kommt es sogar zum Halt, wenn sich fanatische Sowjets buchstäblich bis zur letzten Patrone zur Wehr setzen. Das Gelände mit seinen Wäldern, Sümpfen und Kusselgebüsch begünstigt die Verteidiger. Dazu hat der seit Tagen anhaltende Regen alle Wege aufgeweicht, so daß die eigenen schweren Waffen kaum nachkommen. Die Fahrzeuge bleiben stecken, und nur die treuen Panjegäule sind in der Lage, die Geschütze, Verpflegungs- und Munitionswagen nachzuziehen. Die Versorgung der Verwundeten leidet erheblich.

Tschernigow fällt am 9. 9. in deutsche Hand. Die 17. ID. (Generallt. Loch) schüttelt die Sowjets vor der eigenen Front ab und stößt vom Westen her in die Stadt. Die 134. ID. (Generallt. von Cochenhausen), die Tschernigow seit Tagen umklammert, greift vom Norden und Osten an. Die 260. ID. (Generallt. Schmidt) dreht mit Teilen von Süden her ein. Da ist das Schicksal von Tschernigow, der wichtigsten Stadt am Südostrand des Pripjetgebietes, besiegelt.

Gleichzeitig zeichnet sich das weitere Schicksal der 5. Sowjetarmee ab. Die Front fällt auseinander. Das XXXXIII. deutsche AK. (General d. Inf. Heinrici) trifft genau in eine solche aufgerissene Lücke. Die 293. ID. (Generallt. von Obernitz) gewinnt nordwestlich Njeschin an Boden und wirft den Gegner auf den Oster zurück. Die Armee schiebt nun sofort die aufgeschlossene 45. ID. in den Rücken der 293. ID., um den Durchbruch zu erweitern. Die 45. ID. (Generalmajor Schlieper) wird längs der Bahn auf Njeschin angesetzt.

Der Widerstand der Sowjets, wenn auch örtlich und zeitlich ganz unterschiedlicher Art, läßt im großen ganzen keine einheitliche Führung mehr erkennen. Die Divisionen der 5., 21. und 37. Sowjetarmee zerbröckeln und führen den Krieg nur noch mit

Kampfgruppen vor dem Abschnitt der 2. deutschen Armee. Generaloberst Freiherr von Weichs, der OB., erläßt am 10. 9. einen Tagesbefehl:

„... Harter Widerstand des Feindes, schlechteste Wege und anhaltender Regen haben Euch nicht aufzuhalten vermocht. ... Mit diesem Angriff habt Ihr die Voraussetzung zu einer Vernichtungsschlacht größten Ausmaßes geschaffen, die in diesen Tagen beginnt. Von allen Seiten her wird der Feind von uns eingeschlossen und vernichtet werden. ... Ich weiß wohl, daß Ihr nach diesen schweren Kämpfen Ruhe wahrhaftig verdient habt. Jetzt aber hängt der Erfolg dieser Schlacht davon ab, daß die Infanteriedivisionen der 2. Armee den vor ihnen noch haltenden Feind rasch durchbrechen, zurückwerfen und vernichten. Jede Stunde ist kostbar, entscheidet über das Ausmaß des Sieges. Unter Anspannung der letzten Kraft muß diese Schlacht geschlagen werden ..."

3. Die Schlacht nördlich Kiew

Die Anspannung aller Kräfte wird nun auch von der Armee des Feldmarschalls von Reichenau erwartet. Das OKH fordert rasches Vorgehen der 6. Armee über den Dnjepr nördlich Kiew, um der 2. Armee den Übergang über die mittlere Dessna zu erleichtern. Das AOK sieht sich infolge der gespannten Lage beiderseits Kiew außerstande und hofft, daß vielmehr die 2. Armee durch einen Angriff bei Tschernigow den Weg für die 6. Armee freimacht.

Das LI. AK. (General d. Inf. Reinhard) steht am 1. 9. mit 111. ID. und Teilen der 98. und 113. ID. im Brückenkopf bei Garnostaipol. Die Infanteristen haben sich provisorische Stellungen in dem 7 km tiefen Dünen- und Wiesengelände ostwärts der verbrannten Brücke gegraben. Die Sowjets versuchen mit großer Übermacht in pausenlosen Angriffen diesen Brückenkopf einzudrücken. Sie sind von links nach rechts mit 28., 135., 124. Schtz.Div., 19., 41. PD. und 228. Schtz.Div. aufmarschiert. Es kommt zu härtesten Gefechten, bei denen keine Seite zum Nachgeben gewillt ist. Das IR. 50 der 111. ID. steht in den ersten vier Tagen des Monats September im Mittelpunkt dieser russischen Panzerangriffe und muß einen ungeheuren Blutzoll entrichten.

Die Bedeutung des Brückenkopfes nördlich Kiew wird vom OB der 6. Armee in einem kurzen Tagesbefehl vom 1. 9. 1941 deutlich gemacht:

> „Ihr Männer vom Brückenkopf Dnjepr! Schon vieles habt Ihr geleistet im Angriff, in der Abwehr und in schwerer Arbeit. Krönt Euer Werk durch einen kraftvollen Angriff. Jeder muß wissen, daß wir dadurch die Bahn freimachen zum Endsieg Deutschlands!"

Die Armee beginnt vom 3. 9. an, den Brückenkopf zu verstärken. 98. und 113. ID. setzen in Floßsäcken und über die von Pionieren errichtete Kriegsbrücke über. Die 262. ID. geht mit den ersten Abteilungen an diesem Tag ebenfalls über den Fluß. Das XVII. AK. mit 56., 62. und 298. ID. rückt vom Westen und Südwesten zum Dnjepr westlich Garnostaipol heran.

Das LI. AK. eröffnet nach einem kurzen Feuerschlag seiner Batterien den Angriff aus dem Brückenkopf. Die Russen verteidigen sich zäh und weichen keinen Schritt zurück. Da gelingt es dem linken Flügel des Korps, die 228. sowjetische Schtz.Div. mürbe zu machen und diese langsam nach Osten zurückzudrücken. Die 98. ID. geht frontal gegen die Russen vor. Die rechts anschließende 262. ID. stößt mit Schwerpunkt nach Südosten. Das Gelände ist unübersichtlich. Dichte Föhrenwälder, vermischt mit mannshohen Maisfeldern, hindern am schnellen Vorwärtskommen. Die Sowjets haben sich gut getarnt und lassen unsere Soldaten oft an ihren Verstecken vorbei, um sie dann von rückwärts her abzuschießen.

Die 262. ID. (Generallt. Theisen) bricht am 5. 9. in die Lücke zwischen 228. und 171. Schtz.Div. Die letzte Division gewinnt wieder den Anschluß an ihre Nachbartruppe, gibt aber dabei die Verbindung zur links stehenden 124. Schtz.Div. preis. Damit gewinnt die 262. ID. überraschend nach Südosten weiter an Boden.

Das sowjetische AOK 37, das diesen Frontabschnitt übernimmt, sieht die Gefahr und wirft eilig die 20. PD. und 35. Schtz.Div. zwischen Oster und Morowsk über die Dessna. Doch, es ist schon zu spät!

Die 262. ID. ist in Schwung gekommen und hat ihre Chance genutzt. Die Infanterieregimenter gelangen weiter nach Osten und erreichen mit kampfstarken Stoßtrupps am Abend des 6. 9. die Dessna bei Morowsk! Die Division hält damit als erster Großverband der 6. Armee an der Dessna! Beherzte Offiziere und Unteroffiziere lassen es dabei nicht bewenden. Sie wollen weiter. Einzelne Gruppen setzen in Floßsäcken auf das Ostufer des Flusses über. Als der Morgen des 7. 9. zu dämmern beginnt, stehen bereits starke Teile der 262. ID. zwischen Morowsk und Guta Tumanskaja in einem schmalen und spitz nach Osten laufenden Brückenkopf.

Die 111. ID. ist weiter südlich davon ebenfalls im Vorgehen zur Dessna. Das LI. AK. will die günstige Gelegenheit ausnutzen und holt vom Westufer des Dnjepr eilig die 62. ID. heran, deren Vorauskommandos noch am 6. 9. zwischen 262. und 111. ID. bis zur Dessna vorgeschleust werden. Die Masse der 62. ID. folgt am 7. 9. nach. Am selben Tag rücken die Bataillone der 79. ID. über den Dnjepr.

Die Sowjets erkennen zu diesem Zeitpunkt noch keineswegs das ganze Ausmaß der sich abzeichnenden Vernichtungsschlacht. Sie wollen auf alle Fälle Kiew halten. Sie verstärken ihre Abwehrfront beiderseits Oster an der Dessna. Sie holen dazu sogar Verbände aus dem Raum südwestlich Tschernigow.

Das Verschieben dieser Truppen schafft der 98. ID. am Westufer der Dessna Luft. Die Regimenter drehen nach Norden ein und gewinnen Smolino auf halbem Wege zwischen Tschernigow und Morowsk. Die 98. ID. wirft damit mehrere russische Einheiten und drückt diese der vom Norden herankommenden 17. ID. entgegen. Diese sowjetischen Truppen — es sind Teile

Generalfeldmarschall v. Reichenau, Oberbefehlshaber der seit Augut vor Kiew liegenden 6. Armee bei der Befehlsausgabe auf dem vorgeschobenen Gefechtsstand.

Mitte August ist Kiew halbkreisförmig von acht deutschen Infanteriedivisionen der 6. Armee umschlossen. Eine Infanteriegruppe an der Bahnlinie Kiew – Fastow.

von vier Schützendivisionen — werden in den nächsten Tagen von den beiden deutschen Divisionen in einem kleinen Kessel vollends aufgerieben.

Der Gegner setzt im Morgengrauen des 8. September zum örtlichen Gegenstoß an. Die 20. sowj. PD. trifft genau die Naht zwischen 262. und 62. ID. südlich Morowsk. Die deutschen Soldaten stemmen sich mit aller Kraft gegen die mit Wucht geführten Angriffe. Jetzt macht es sich bemerkbar, daß die Truppe seit nahezu acht Tagen im pausenlosen Kampf steht, ohne daß sich ein geregelter Nachschub eingespielt hat. Bisher haben die in vorderster Front liegenden Infanteriekompanien noch keine Warmverpflegung in der vergangenen Woche erhalten.

So gelingt es den Sowjets am 8. 9. bis zur Dessna vorzurücken. Dann aber versteift sich der deutsche Widerstand. Beherzte Offiziere und Unteroffiziere reißen ihre Männer wieder vor. Versprengte und Verwundete sammeln sich in den Abendstunden in den rückwärtigen Stellungen. Einsatzgruppen und Reserven sind aufgestellt und werden beiderseits der feindlichen Einbruchstelle nach vorn geschoben. Die Artillerie erhält Munitionsnachschub, und die ersten Infanterie- und Pakgeschütze gehen über den Fluß.

Die 262. ID. schlägt am 9. 9. zurück. Die Bataillone gehen trotz erheblicher Ausfälle mit Bravour nach Nordosten vor, dringen in Oljbin ein, nehmen 350 Russen gefangen und schaffen erste Breschen in die feindliche Angriffsfront. Die Sowjets weichen und entblößen dadurch den Raum um Kosseletz an der Straße Kiew — Tschernigow.

Das LI. AK. hat bereits vorausschauend die 79. ID. nach Oster verschoben und gibt der Division Befehl, zwischen 262. und 62. ID. zu rücken, um den Erfolg auszunützen und dem einmal ins Wanken gekommenen Gegner auf den Fersen zu bleiben. Die 62. ID. verstärkt sich am selben Tag durch das II./IR. 164 und marschiert direkt von Oster auf Kosseletz vor.

Das LI. AK. befindet sich am Abend des 10. 9. mit allen Divisionen im Vormarsch zur Rollbahn Tschernigow — Kiew. Die nach Norden angreifende 98. ID. hat feste Verbindung mit der 17. ID. der 2. Armee. Abgesprengte Feindteile sind nach Westen in die Sumpfgebiete entwichen und werden hier von der AA. 98 und Jagdkommandos aufgespürt. Die 260. und 131. ID. der 2. Armee sind nach Süden vorbeigestoßen, so daß die 260. ID. vom AOK 2 angehalten wird, um die Reste der 200. sowj. Schtz.Div. zu zerreiben, die sich noch westlich der Straße aufhalten.

Die 262., 79. und 62. ID. (von links nach rechts) drücken den Feind bis und über die Rollbahn nach Osten. Die 79. ID. gewinnt die große von Nord und Süd führende Straße, die von der 62. ID. am 10. 9. bei Kosseletz schon überschritten ist. Das hier befehlsführende IX. sowj. mech.K. zieht sich angeschlagen nördlich des Osterflusses zurück.

Das russische Korps ist auf schmalem Raum zusammengedrängt und hat weder Zeit noch Gelegenheit, ordnungsgemäß auf Njeschin, den Straßen- und Eisenbahnknotenpunkt, auszuweichen. Mittlerweile ist von Norden her die 2. Armee dem Korps in die Flanke gestoßen, das sich nun nach drei Seiten wehren muß. Der Vorstoß der 79. und 62. ID. über die große Rollbahn nach Osten ermöglicht der 262. ID. ein rasches Aufschließen zur Straße. Das I./IR. 482 unter Major Metzger gewinnt zwischen Kopti und Chemer die Rollbahn. Generallt. Theisen, der Divisionskommandeur, fährt selbst zum Bataillon vor. Als er sich von Major Metzger in die Lage einweisen läßt, tauchen von Norden Fahrzeuge mit dem Eisernen Kreuz auf. Es sind die Spähtrupps der 131. ID.

Damit ist am 11. 9. die zweite Verbindung zwischen der von Westen angreifenden 6. und der von Norden stoßenden 2. Armee hergestellt! Die 6. Armee hat aus eigener Kraft nicht nur den Dnjepr- und Dessna-Übergang erzwungen, sondern sich die notwendige Bewegungsfreiheit für die große Schlacht um Kiew erkämpft.

Feldmarschall von Reichenau erläßt einen Tagesbefehl, der diesen Erfolg würdigt:

„Die Stunde der Entscheidung auf dem südlichen Kriegsschauplatz ist gekommen. Überall von Süden und Norden treten deutsche Truppen an zum vernichtenden Schlage.

Auf dem Nordflügel unserer Armee ist es dem LI. AK. und seinen tapferen Divisionen vergönnt gewesen, den entscheidenden Stoß über Dnjepr und Dessna zu führen. In einer kämpferischen Leistung, die des höchsten Lobes würdig ist, wurden hier schwerstes Gelände und erbittert auf der Erde und aus der Luft kämpfender Feind überwunden. Mit solchem Angriffsschwung hatten die Sowjets nicht mehr gerechnet. Deshalb sind sie hier völlig geschlagen worden. Der Weg ist frei zu neuen Taten!

Soldaten der 6. Armee, jetzt zeigt alle dem Feinde, daß ihr in den schweren Kämpfen der letzten Monate nicht müde, sondern härter geworden seid.

Die rote Südfront steht vor dem Zusammenbruch.

Dem schnellen Zufassen, dem kühnen Wagemut winkt jetzt Sieg und Lohn.

Darum vorwärts und ran an den Feind!"

4. Ausbruch aus dem Brückenkopf Derijewka

Das Heeresgruppenkommando Süd erläßt am 28. 8., 20.00 Uhr, mit dem Befehl Ia Nr. 1850/41 gKdos die Weisung Nr. 7 „für die Fortführung der Operation Barbarossa". Der Punkt 1 dieser Weisung behandelt die allgemeine Feindlage. Hierbei ist festgestellt, daß die Sowjets vermutlich den Dnjepr-Abschnitt räumen und daß deshalb ein sofortiger Nachstoß der Heeresgruppe erforderlich ist. Die Weisung lautet auszugsweise ferner:

„2. In dieser Lage gilt es, das Letzte aus der Truppe herauszuholen und ohne Rücksicht auf Nachschub und sonstige Schwierigkeiten anzugreifen und den Feind zu schlagen, wo er gestellt wird.

3. Ich befehle daher, daß an den Fronten der Pz.Gr. 1, der 17. und 6. Armee unverzüglich zum Angriff übergegangen wird und bestimme hierfür im einzelnen:

a) Die Angriffe haben unabhängig voneinander und ohne Rücksicht auf den Nachbarn zu erfolgen. Wo die Truppe über den Strom gekommen ist, hat sie zunächst taktische Brückenköpfe zu gewinnen.

b) Wo Erfolge erzielt werden, sind mit dem verfügbaren Transportraum und mit den jeweils vorhandenen Nachschubgütern Versorgungsschwerpunkte zu bilden.

c) Die Überschreitung des Dnjepr hat — wie uns das der Feind mehrfach gezeigt hat — an möglichst zahlreichen Stellen unter Inanspruchnahme aller Behelfsmittel zu erfolgen.

4. Aufgaben der Armeen und der Pz.Gr. 1:

a) 17. Armee:
Übergangsschwerpunkt bei und abwärts Krementschug. Nach Gewinnung taktischer Brückenköpfe ist unverzüglich zur Bildung des von der Armee angestrebten operativen Brückenkopfes vorzustoßen ...

b) 6. Armee:
...

c) Pz.Gruppe 1:
... Die übrigen Verbände der Pz.Gr. sind jeweils zum frühestmöglichen Zeitpunkt abwärts Krementschug nachzuführen. Aufgabe der Pz.Gr. wird es je nach Entwicklung der Lage sein, in Richtung Charkow vorzustoßen, um sich dem nach Osten weichenden Feind vorzulegen und, gegebenenfalls, noch zum Zusammenwirken mit der Pz.Gr. 2, die am 27. 8. den Dessna-Abschnitt bei Konotop und südlich Nowgorod Sewerssk nach Süden überschritten hat, zu kommen."

Das LII. AK. (Kommand. General: General d. Inf. von Briesen) steht Anfang September 1941 in dem gewonnenen Brückenkopf bei Derijewka. Die Sowjets finden in den nächsten Tagen Zeit, erhebliche Verbände an die Front nordostwärts von Derijewka heranzubringen. Damit ist es sicher, daß die Russen keinesfalls gewillt sind, an dieser Stelle nachzugeben, sondern sich entschlossen haben, den Brückenkopf über kurz oder lang einzudrücken.

Schwere Batterien eröffnen die Schlacht um den Dnjepr und den Angriff der 17. Armee südlich von Krementschug.

Anfang September überqueren die Infanteriedivisionen das XI. und LI. Armeekorps in Booten und Fähren den breiten Dnjepr.

Die von den zurückweichenden Truppen gesprengte Dnjeprbrücke bei Krementschug.

Ein 3,7-cm-Pakgeschütz sichert den Übergang der Infanterie über den Dnjepr. (19.9.1941).

Während von Norden motorisierte Kräfte der Panzergruppe 2 nach Süden stoßen, kommen ihr in der zweiten Septemberwoche von Süden die motorisierten Verbände des XIV. und XXXXVIII. Armeekorps entgegen. Der Kessel beginnt sich zu schließen.

Armee und Korps erkennen diese gefährliche Situation und bemühen sich, so schnell wie möglich feste Brücken zu bauen, damit mehr und mehr eigene Verbände in den Brückenkopf gelegt werden. Noch besteht der Plan, von hier aus einmal die Pz.-Gruppe 1 zum weiteren Angriff nach Osten in Richtung Poltawa anzusetzen. Es ist deshalb befohlen, eine 8-Tonnen-Kriegsbrücke zu bauen.

Der Kommandeur des Pi.-Rgt. 700 wird mit der Durchführung dieser Arbeiten beauftragt. Es werden ihm unterstellt:

Sturmbootkommando 902 mit 73 Booten,
Pionierbataillone 50, 97, 100, 157, 176, 651, 658,
Brückenkolonnen 4, 8, 9, 13, 16, 97, 99, 100, 111, 125, 176, 209, 298, 2./410, 537, 539, 602, 610, 612, 630, 639, 660, 667, 672, 995, 2./60,
Baubataillone 51, 403, OT-Einheit 59,
Straßenbaubataillon 551.

Der Brückenbau beginnt am 2. 9. Starke Einheiten der Luftwaffe greifen an diesem Tage die rückwärtigen Verbindungen der Sowjets an, um diese am Heranschaffen von Verstärkungen zu hindern. Die Eisenbahnlinien Krementschug — Poltawa und Krementschug — Lubny werden durch mehrere Bombenwürfe an vielen Stellen aufgerissen und zerstört.

Die Pioniere stellen in kurzer Zeit alle notwendigen Fähren bereit, damit Material über den Fluß transportiert werden kann. Die Brücke über den Nordarm bei Derijewka ist bereits am Abend des 2. 9. fertig eingefahren. Nun stellt sich heraus, daß nicht genügend Material für die Bohlenbahn vorhanden ist. Die Bohlenbahn ist aber wichtig, um die Dünensandstrecke auf der „Schneckeninsel" zu überbrücken. Fahrzeuge könnten sonst unmöglich hinübergeschafft werden. Die Bohlen treffen allerdings erst am 4. 9. ein. Doch kann der Pionierführer am Abend dieses Tages die Fertigstellung und Freigabe der 1 253 m langen Brücke melden. Mit Beginn des eigentlichen Angriffes wird am 8. 9. die Brücke in eine 16-Tonnen-Brücke umgebaut. Dieser Umbau ist von den Pionieren in 3 Stunden und 45 Minuten bewältigt!

Das LII. AK. befindet sich in diesen Tagen auf 32 km Frontbreite im schwersten Abwehrkampf. Die 76. ID. (Generallt. de Angelis) liegt am rechten Flügel unweit der Worsskljamündung bis Purubaj. Die Division wehrt bis zum 10. 9. die Angriffe der 14., 28., 34. Kav.Div. und der 47. Pz.Brig. ab. Die Sowjets können vorübergehend zwischen Purubaj und Osiony einbrechen, werden aber in heftigen Gegenstößen überall zurückgeworfen. Die 97. lei.Div. (Generalmajor Fretter-Pico) steht in der Frontmitte. Ihr gegenüber sind 3. Kav.Div., 37. und 110. Pz.Brig. aufmarschiert. Die feindlichen Angriffe richten sich immer wieder auf den rechten Abschnitt der Division, den das Jäg.Rgt. 204 erbittert verteidigt und hält. Die Division schießt bis zum 13. 9. insgesamt 138 Russenpanzer ab. Der linke Flügel des Korps wird von der 100. lei.Div. (Generalmajor Sanne) gehalten. Diese Division muß der 199., 300. und 304. Schtz.Div. Paroli bieten. Als sich später das Auftreten der 132. sowj. Pz.Brig. an der Bahnlinie Krementschug — Poltawa bemerkbar macht, haben sich die Jäger gegen die anrollenden „T 34" und „Kw I" zu stellen. Das LII. AK. vernichtet in den ersten zehn Tagen 176 russische Kampfwagen. Die Armee versucht alles, um dem Korps die Lage zu erleichtern. 57. und 295. ID. werden schließlich über die Brücke bei Derijewka in den Brückenkopf nachgeschoben.

Mittlerweile ist aber der deutsche Angriff links vom LII. AK. zum Zuge gekommen. Das XI. AK. (General d. Inf. von Kortzfleisch) ist am 4. 9. beiderseits Worowskowo mit 101. lei.Div. (Generallt. Brauner von Haydringen), 125. ID. (Generallt. Schneckenburger) und 239. ID. (Generallt. Neuling) über den Dnjepr gegangen. Schon bald nach dem ersten Übersetzen bauen die Pioniere bei Worowskowo eine 8-Tonnen-K-Brücke.

Oberstlt. von Ahlfen, Kdr. des Pi.-Rgt. 617, stehen hierzu zur Verfügung die Pi.-Btle. 73. 74, 260, 257, 239, das Bau-Btl. 109 und die RAD-Gruppe 107. Pioniere und Arbeitsdienstmänner fahren noch am selben Tag das Brückengerät ein, bauen An- und Abmarschwege, entminen die sogenannte „Damminsel" und führen den Stromwachdienst durch.

Das XI. AK. hat in drei Tagen den Psiol von der Mündung bis zur Eisenbahn Krementschug — Poltawa erreicht. Die 101. lei. Div. stellt als Flügeldivision am Bahnhof Galeschtschina die Verbindung zum rechts benachbarten LII. AK. her. Das Korps befiehlt bereits für den 7. 9. den Übergang über den Psiol aus der Bewegung heraus. Die 125. ID. nimmt im Sturm die Eisenbahnbrücke über den Fluß, bevor diese von den Sowjets gesprengt wird. Die Division geht unaufhaltsam weiter nach Nordwesten vor und läßt Krementschug links liegen.

Die 239. ID. überquert am 7. 9. den Psiol über die von den Pi.-Btlen. 125 und 239 erbaute 8-Tonnen-K-Brücke. Die Division ist zum Frontalangriff von Osten her auf Krementschug angesetzt. Das Korps bildet eine schwere Angriffsgruppe unter Führung von Oberstlt. von Ahlfen. Diese Kampfgruppe besteht aus je 1 Btl. der 125. und 239. ID., 1 IG-Kp. der 125. ID., 1 Sturmgeschützbattr., Pi.-Btl. 260, Bau-Btl. 109 und 3 Brückenkolonnen.

Die Sowjets sind von dem deutschen Angriff über den Psiol überrascht. Sie erliegen ihrer eigenen Fehlkalkulation. Sie haben die Masse ihrer Divisionen gegen das LII. AK. eingesetzt und die Front bei Krementschug entblößt. Lediglich die 297. Schtz.-Div. steht in der Stadt und am Flußufer. Das AOK 38, das weitab in Lubny sein Hauptquartier hat, befiehlt zwar sofort die 300. Schtz.Div. aus dem Abschnitt Galeschtschina über den Psiol nach Westen. Doch auch dafür ist es zu spät!

Die 257. ID. unter Generallt. Sachs stellt sich in der hellen Sommernacht zum 8. 9. bei Taburischtsche, westlich von Krementschug, am Südufer des 4 000 m breiten Dnjepr zum Angriff bereit. Armee und Korps führen starke Artilleriekräfte, einschließlich Werferbatterien, in den Divisionsabschnitt. Die Pi.-Btle. 257 und 295 sowie die 1./Pi.-Btl. 73 und 1 Brückenkolonne beginnen im Morgendunst 68 Sturmboote und 150 Floßsäcke ins Wasser zu schieben.

Pünktlich 6.00 Uhr rauscht es beiderseits Taburischtsche. Feldhaubitzen und Werfer schleudern ihre Feuerstrahlen auf das feindliche Ufer. Während die todbringenden Granaten ihre

Bahnen durch den Morgenhimmel ziehen, rattern die Motore der Sturmboote los. Die Männer des IR. 457 und des IR. 477 springen in die Boote und Floßsäcke. Der Gegner ist durch den gewaltigen Feuerschlag überrascht, und bevor er sich zur Abwehr aufrafft, sind Infanteristen und Pioniere an Land gegangen.

Der Widerstand ist örtlich verschieden. Die deutschen Soldaten kommen stellenweise schnell voran, an anderen Abschnitten verteidigen sich die Russen unter Führung fanatischer Kommissare bis zur letzten Patrone. So muß das II./IR. 457 unter Hptm. von Caprivi am rechten Flügel stundenlang um das Dorf Kriwuschi kämpfen, bis es endlich in deutschem Besitz ist. Die 257. ID. bildet bis zum Abend des 8. 9. einen 5 km tiefen und 12 km breiten Brückenkopf! 1 000 russische Soldaten sind bei geringen eigenen Verlusten gefangen.

Die Nacht bringt ein tolles Gewitter. Die Sumpflandschaft am Nordufer des Dnjepr verwandelt sich in wenigen Minuten in einen Schlammpfuhl. Eigene Bewegungen sind kaum möglich. Ein Nachführen der schweren Waffen ist deshalb nicht ratsam und kann auch gar nicht bewerkstelligt werden, da nur noch ein kleiner Teil der Sturmboote einsatzfähig ist. Die Kämpfe im Brückenkopf beginnen im Morgengrauen. Der Gegner ist wider Erwarten stärker als am Tage vorher. Die vorgeprellte 5./IR. 457 (Hptm. Rosenbrock) bleibt deshalb bei Mudrowka liegen. Die Russen greifen mit zwanzigfacher Übermacht die Kompanie an, die in diesem Sumpf überhaupt nicht weiterkommt. Dagegen gelingt es am Nachmittag, bei Petschanoje die Verbindung mit der 239. ID. herzustellen, die im Norden an Krementschug vorbeigestoßen ist.

Die Sowjets müssen jetzt einsehen, daß sich nördlich Krementschug eine gefährliche Situation herausbildet. Sie verlegen die 212. mech. Div. zwischen 297. und 300. Schtz.Div. Damit verstärkt der Gegner zwar vorübergehend seine Front und bringt auch das weitere Vordringen der 257. ID. zum Erliegen. Doch Krementschug fällt kampflos in deutsche Hände, nachdem sich die letzten Verbände der Russen zwischen den deutschen Divisionen eingeschlossen fühlen. Die Besatzung der Stadt gibt den Kampf auf.

Mit der Inbesitznahme Krementschugs gewinnt die 17. Armee eine Ausgangsbasis für die Fortsetzung der Offensive jenseits des Dnjepr. Der Pionierführer des XI. AK. erhält noch am 9. 9. den Befehl, mit den Vorarbeiten zum Bau einer 16-Tonnen-Kriegsbrücke bei Krementschug zu beginnen. Das AOK entschließt sich dazu, die bisherige Brücke des Korps bei Worowskowo abzubrechen. Das XI. AK. befiehlt am 10. 9. Oberstlt. von Ahlfen:

> „Pi.-Rgt. 617 fährt die bisherige Kriegsbrücke 15.30 Uhr beginnend aus und verlegt sie unter Verstärkung auf 16 Tonnen nach Krementschug."

Die Pi.-Btle. 73, 74, die RAD-Gruppe 107 und 18 Brückenkolonnen fangen zur festgesetzten Stunde mit diesen Arbeiten an, die am 11. 9., mittags 12.00 Uhr, beendet sind. Die 200 m lange 16-Tonnen-Brücke bei Krementschug steht!

Das AOK 17 hat damit einen sicheren Übergang geschaffen. Das XXXXVIII. AK.mot. erhält Befehl, noch am 11. 9. mit seinen Divisionen über diese Brücke zu gehen und sich für den weiteren Angriff bereitzustellen. 9., 13., 16. PD., 16. und 25. ID.mot. setzen in stockdunkler Nacht und bei strömendem Regen über die lange Brücke. Das XIV. AK.mot. geht mit 14. PD., 60. ID.mot. und 198. ID. bei Derijewka über den Dnjepr. Die Masse der Pz.Gruppe 1 steht auf dem Feindufer des großen Flusses!

Die Pz.Gruppe 1 sollte nach dem Willen der Heeresgruppe anfangs nicht direkt in die sich anbahnende Kesselschlacht eingreifen. Das Kriegstagebuch der Heeresgruppe vom 4. 9. verzeichnet noch:

> „Nach Inbesitznahme eines operativen Brückenkopfes hat die 17. Armee so frühzeitig und so stark wie möglich in nördlicher Richtung gegen die allgemeine Linie Mirgorod — Lubny, hier Schwerpunkt, vorzugehen mit dem Ziele, die am mittleren Dnjepr und im Raum ostwärts Kiew stehenden

Feindkräfte im Zusammenwirken mit den über die Linie Letki — Njeschin nach Südosten strebenden Kräfte der 6. Armee und 2. Armee zu vernichten. Den Schutz der tiefen Ostflanke der 17. Armee wird die über Krasnograd — Poltawa vorgehende Pz.Gruppe 1 übernehmen."

Dieser Ansatz ist inzwischen vom OKH selbst geändert worden, das nun die Pz.Gruppe als Schwerpunktgruppe zur Schließung des Kessels verwendet wissen will. Das Kriegstagebuch der Heeresgruppe berichtet am 11. 9. über diesen Plan:

„... die durch einige Infanteriedivisionen zu verstärkenden Kräfte der Pz.Gr. 1 aus dem Brückenkopf Krementschug gegen die Linie Romny — Ssulamündung, die schnellen Kräfte der Pz.Gruppe 2 gegen die Linie Bachmatsch — Romny anzusetzen mit der Aufgabe, die Feindkräfte vor 2. und 6. Armee über den Romen- und Ssula-Abschnitt hinweg im Rücken anzugreifen und zu vernichten.

Die Masse der 17. Armee zur Deckung der Ostflanke in Richtung Poltawa — Charkow vorzutreiben ..."

Dieser vom OKH gewünschte Ansatz der Panzerverbände ist vorausschauend vom Heeresgruppenkommando in seiner zwei Tage vorher an die AOKs durchgegebenen Weisung Nr. 8 eingeleitet. Hiernach hat die Pz.Gruppe bereits den Befehl erhalten, gegen den Ssula-Abschnitt nach Westen einzudrehen und diesen zwischen Romny und Lubny zu sperren. Die vordringlichste Aufgabe soll es sein, die mit Sicherheit zu erwartenden Ausbruchsversuche der Sowjets solange aufzuhalten und abzufangen, bis die Infanteriedivisionen der 17. Armee aufgeschlossen haben. Danach könnte ein eventueller weiterer Stoß der Panzerverbände in Richtung Pirjatin oder Jagotin durchgeführt werden.

Die Pz.Gruppe hat befehlsgemäß am 11. 9., 0.00 Uhr, die Verkehrsregelung an beiden Dnjeprbrücken übernommen. Gleichzeitig leitet die Pz.Gruppe die Durchführung der Versorgungsbewegungen der 17. Armee, die hierzu alle Verkehrsregelungs- und Versorgungstruppen der Pz.Gruppe 1 unterstellt. Es

ist damit ein reibungsloser und schneller Übergang der fechtenden Kampfgruppen des XXXXVIII. AK.mot. und XIV. AK.mot. gewährleistet.
Die Pz.Gruppe 1 tritt am 12. 9. aus dem Brückenkopf bei Krementschug zum Angriff nach Norden an. Vorerst ist es das XXXXVIII. AK.mot., das in Bewegung gerät. Nachdem die nächtliche Bereitstellung beendet ist, eröffnet ein kurzer Feuerschlag der Artillerie den Beginn des Ausbruchs aus dem Brückenkopf. Das Korps greift mit 16. PD. links und 9. PD. rechts dahinter an. Auftrag für beide Divisionen ist, die Rollbahn nach Osten zwischen Lubny und Charkow zu sperren.
Die Infanterieregimenter des XI. AK. brechen in die ersten russischen Stellungen ein, überwinden den Widerstand des Gegners und stoßen das Loch auf, durch das General Kempf nun seine Panzerdivisionen vorschiebt. Die Truppen der sowj. 38. Armee unter Generalmajor Feklenko, die eine Frontbreite von nahezu 200 km verteidigen, sind von der Wucht des deutschen Angriffs überrascht und leisten keine einheitliche Abwehr.
Der Schlamm und die aufgeweichten Wege stellen größere Anforderungen an die motorisierten Truppen, als der Feind es vermag. Der Angriff rollt trotzdem zügig voran. Die vordere Kampfgruppe der 16. PD. (PR. 2, I./SR. 79 und I./AR. 16) fährt ungeachtet des hier und da aufflackernden Widerstandes nach Nordwesten. Karpicha wird erreicht. Die I./PR. 2 unter Major Graf von Strachwitz stößt auf Semjonowka vor.
Der Gefechtsstand des russischen AOK 38 befindet sich unweit dieses Ortes im Bahnhofsgebäude von Wessjolyj Podol. Die deutschen Kampfwagen erscheinen wie aus dem Boden gewachsen. Die sowjetischen Wachtposten sind so verwirrt, daß sie die Panzer für die eigenen halten und diese direkt zum Armeehauptquartier einweisen! Generalmajor Feklenko und seine Stabsoffiziere können sich nur durch die Flucht aus den offenen Fenstern ins Freie retten. Dann besetzen Strachwitz' Kampfwagen das feindliche Armeehauptquartier!
Die Panzer der 16. PD. haben bis zum Abend eine Strecke von 70 km geschafft. Sie befinden sich bereits 105 km nordwestlich

von Krementschug. Der Widerstand der 38. Sowjetarmee scheint bereits an diesem Tag zusammenzubrechen. Die 9. PD. greift noch nicht an, sondern befindet sich gerade im Übergang über den Dnjepr.

Das XI. AK. folgt der 16. PD. in breiter Front nach Nordwesten. Die Divisionen kommen infolge des geringen Feindwiderstandes gut weiter, wenn sie auch nicht die 16. PD. erreichen. Die links vorgehende 257. ID. — deren IR. 477 heftigste Kämpfe um Nedogarki durchsteht — gewinnt 20 km Raum und macht 1 100 Gefangene, meistens von der 239. sowj. Schtz.Div.

Der Ausbruch aus dem Dnjeprbrückenkopf ist am 12. 9. gelungen. Die bisherigen deutschen Erfolge lassen sich mit den Zahlen deutlich machen: Gefangene 13 000; vernichtet: 75 Panzer, 48 Geschütze, 76 Flugzeuge, davon 19 durch Flak.

Der tiefe Einbruch der 16. PD. in die Front der 38. Armee befähigt das AOK 17, mit der Masse der deutschen Verbände am 13. 9. den allgemeinen Angriff nach Norden und zur Abschirmung der Flanke nach Osten zu forcieren. Die 9. PD. wird beschleunigt der 16. PD. nachgeführt. Das XIV. AK.mot. bekommt Befehl, sich rechts vom XXXXVIII. AK.mot. einzuschieben und sich dem Angriff nach Norden anzuschließen. Gleichzeitig werden die Stellungen des LII. AK., gegen die noch die Masse der Sowjettruppen anrennt, verstärkt.

Das russische Oberkommando sieht den gefährlichen Durchbruch des XXXXVIII. AK.mot., wenn es diesen auch noch nicht in seiner ganzen Tragweite einschätzt. Seit dem frühen Morgen des 13. 9. sind die feindlichen Luftstreitkräfte unterwegs, um die deutschen Panzerspitzen anzugreifen und aufzuhalten. Das Korps beginnt mit der 16. PD. gegen 6.30 Uhr den Weitermarsch nach Norden. Das Ziel der Division ist Lubny. Die gepanzerte Kampfgruppe der 16. PD. umgeht das starkbefestigte Chorol und steht nach 120 km Marsch am Ostufer der Ssula dicht südlich Lubny!

Ein Handstreich auf die Stadt selbst schlägt nicht durch. Die Russen sind gewarnt. Die 3./Pi.-Btl. 16 kommt allerdings in einem einzigen Satz über die Ssulabrücke bis zur Vorstadt. Hier ist aber der Widerstand der NKWD-, Miliz- und Flakverbände so stark, daß ein Vorwärtskommen zunichte gemacht wird. Die Pioniere verschaffen sich nur etwas Luft, indem sie heulende Nebelgranaten aus den Werfergeräten, die der Landser mit „Stukas zu Fuß" bezeichnet, auf die Häuser und Stützpunkte der Sowjets schießen. Damit ist es möglich, daß das II./SR. 64 (Hptm. Fondermann) ebenfalls über die Brücke gelangt und sich bis zum Abend in der Vorstadt am Ssulaufer festsetzt. Die Kämpfe in den Straßen und in den Häusern halten die ganze Nacht an.

Die Division nimmt deshalb das Bataillon bis auf eine Kompanie zurück. Die Einheiten richten sich am Ostufer der Ssula zur Verteidigung ein. Die Russen haben kurz vorher eine provisorische Bunkerlinie gebaut, die nach Westen zeigt, da sie einen deutschen Angriff von dorther und nicht aus dem Rücken erwarteten. Die Landser beziehen diese Bunkerlinie, die sich aus dem Raum 15 km nordostwärts Tischky, Grebischtsche, Beresototschka, Peski bis zur Ssula erstreckt.

Die Spitze des XXXXVIII. AK.mot. zeigt am Abend des 13. 9. weit nach Norden. Die West- und Ostflanken der 16. und 9. PD. sind offen. Da sich augenblicklich keine starken feindlichen Kräfte in diesem Abschnitt aufhalten, besteht vorläufig kaum Gefahr, daß dieser Panzerkeil abgeschnitten werden könnte. Das XI. AK. hat — wenn auch noch weit südlich abgesetzt — den Schutz nach Westen übernommen. Die 257. ID. gewinnt am äußersten linken Flügel bei Schownin das Ssulaufer. Der Fluß, der sich durch ein flachgewelltes Gelände mit verwahrlosten Dörfern schlängelt, mißt hier eine Breite von 40 m.

Das XIV. AK.mot. greift seit dem 13. 9. ebenfalls in die Kämpfe ein. Die 14. PD. setzt aus der Bewegung heraus zum Stoß mit Richtung Chorol-Abschnitt und Mirgorod an. Der Angriff kommt wider Erwarten gut voran, da sich die in diesem Abschnitt verteidigende 81. mech.Div. zu keiner entschlossenen Gefechtsführung aufrafft. Die 14. PD., die in zwei Kampfgruppen operiert, gewinnt schon an diesem ersten Tag Bewegungsfreiheit in die Tiefe des Hinterlandes. Das erheblich verstärkte LII. AK. steht nach wie vor in einer festgefügten Front im Norden und Osten von Krementschug und bereitet sich zum Angriff auf Poltawa vor.

Die Frontlage am Abend des 13. 9. läßt nun keinen Zweifel mehr, daß es um Sein oder Nichtsein der sowjetischen Heeresgruppe „Südwestfront" geht. Das Oberkommando der „Südwestfront" ist sich über den Ernst der eigenen Situation seit dem Tag im klaren, als es der 17. deutschen Armee gelang, bei Krementschug einen Brückenkopf zu bilden. Generaloberst Kirponos befiehlt bereits am 9. 9. der 5. und 37. Armee den Rückzug zur Dessna.

Generaloberst Kirponos meldet am selben Tag an Marschall Budjenny, daß die Situation gefährlich ist, die Flanken der Heeresgruppe offen liegen und er selbst über keine Reserven mehr verfügt. Marschall Budjenny kann sich diesen Argumenten nicht verschließen und sendet in Absprache mit seinem Kriegsrat Chruschtschow am 11. 9. einen Bericht nach Moskau:

> „Der Kriegsrat der Südwestfront ist der Auffassung, daß es aufgrund der entstandenen Lage notwendig ist, den allgemeinen Rückzug der Front auf rückwärtige Stellungen zu gestatten ... Wir sind der Auffassung, daß bereits jetzt der Entschluß des Gegners, die „Südwestfront" aus der Richtung Nowgorod Sewerssk und Krementschug zu umfassen und einzukreisen, klar zu erkennen ist. Um dieses Vorhaben vereiteln zu können, müßte eine starke Truppengruppierung geschaffen werden. Dazu ist die „Südwestfront" jedoch nicht in der Lage. Wenn das Hauptquartier des Oberkommandos zur Zeit keine solche starke Gruppierung konzentrieren kann, so ist der Rückzug der „Südwestfront" voll gerechtfertigt. Die Maßnahmen, die der Kriegsrat im Zusammenhang mit der Heranziehung von zwei Divisionen der 26. Armee durchführen soll, sind nur ein Behelf. Eine Verzögerung des

Rückzugs der „Südwestfront" kann den Verlust der Truppen und gewaltiger Mengen an technischen Kampfmitteln nach sich ziehen ..."

Generaloberst Kirponos begibt sich im Einvernehmen mit Marschall Budjenny am 11. 9. selbst nach Moskau. Er stößt mit seinen Vorschlägen und Bitten auf Eis. Stalin ist sehr ungehalten über die bereits erlassenen Rückzugsbefehle und verbietet kategorisch jedes weitere Absetzen. Er befiehlt ausdrücklich, daß Kiew unter allen Umständen gehalten werden soll und daß die Heeresgruppe „Südwestfront" sich zu einem Gegenangriff gegen die Pz.Gruppe Guderian bereitstellen muß.

Generaloberst Kirponos fährt unverrichteter Dinge in sein Hauptquartier nach Priluki zurück. Gleichzeitig fliegt ein Ordonnanzoffizier Stalins nach Belgorod in das Hauptquartier von Marschall Budjenny. Er überbringt dem Marschall das Schreiben seiner Amtsenthebung. Stalin löst Budjenny als Oberbefehlshaber im Süden Rußlands ab und versetzt ihn als Oberbefehlshaber einer Reserve-Heeresgruppe nach Sibirien. Marschall Timoschenko, der OB. der sowjetischen „Mittelfront", trifft am 13. 9. in Belgorod ein und übernimmt den Oberbefehl über die Streitkräfte der Roten Armee in der Ukraine.

Marschall Timoschenko kann aber die Lage nicht mehr retten. Er schickt den Generalstabschef der Heeresgruppe „Südwestfront", Generalmajor Tupikow, noch einmal nach Moskau. Stalin empfängt General Tupikow gar nicht, sondern läßt ihn durch seinen eigenen Stabschef, Marschall Schaposchnikow, abfertigen. Marschall Schaposchnikow besteht darauf, daß die „Südwestfront" in und um Kiew stehenbleibt!

Damit ist das Schicksal von vier sowjetischen Armeen beschlossen ...

5. Der Kessel schließt sich

Das Ende der im Dnjeprbogen stehenden russischen Truppen ist nicht nur durch den sturen Befehl Stalins „Halten um jeden Preis" besiegelt, sondern auch durch die Entwicklung an den deutschen Flanken. Noch bevor das sowjetische Oberkommando in Moskau die sich anbahnende Einschließung bei Kiew erkennt, haben die untergeordneten Führungsstellen ostwärts des Dnjepr die Lage richtig eingeschätzt. Generaloberst Kirponos und seine Oberbefehlshaber haben aufgrund ihres eigenen Verantwortungsbewußtseins örtliche Rückzugsbefehle erlassen.

Nachdem sich die Wetterlage am 12. 9. bessert, stellt die deutsche Luftaufklärung sichere Anzeichen für den Abmarsch starker feindlicher Kräfte aus dem Raum Priluki gegen die Linie Lubny — Lochwiza — Romny fest. Generalfeldmarschall von Rundstedt ordnet daraufhin gegen 17.00 Uhr am selben Tag die rücksichtslose Verfolgung auf der ganzen Front an. Gleichzeitig fliegen Luftwaffenverbände rollende Angriffe besonders gegen die Eisenbahnstrecken Konotop — Rylsk im Norden und Lubny — Poltawa im Süden der sich abzeichnenden Kesselfront.

Generaloberst Guderian, OB. der Pz.Gruppe 2, befiehlt am 12. 9. den Ansatz der 3. PD. über Lochwiza auf Pirjatin. Der Generaloberst läßt trotz angespannter Fahrzeuglage und schlechtem Wetter seine gesamte Panzergruppe im Angriff, damit dem Feind keine Zeit zur Versteifung seiner Abwehrfronten gegeben wird. Die 3. PD., die zur Zeit noch über 20 Prozent einsatzfähige Panzer verfügt, ist durch die Beute eines Betriebsstofflagers von 400 cbm in der Lage, ihre Spitzenposition zu halten.

Generallt. Model bildet noch am Abend dieses Tages in Romny eine Vorausabteilung unter Major Frank mit 3./Pz.Jäg.Abt. 521, 2./SR. 3, 1./AA. 1, 6./AR. 75, zwei P-II der II./PR. 6, zwei leichte Flak und einem Pionierzug. Die Kampfgruppe tritt vor Beginn der Dämmerung aus der Stadt nach Süden an, überrennt im ersten Anlauf die schwachen gegnerischen Sicherungen und gelangt ohne Pause 45 km weit! Major Frank gewinnt mit seinen Kompanien bis 21.15 Uhr die Ssulabrücke bei Mliny, gegenüber von Lochwiza!

Die Sowjets sind durch das rasche Auftauchen deutscher Truppen bei Lochwiza völlig überrascht, fassen sich aber schnell

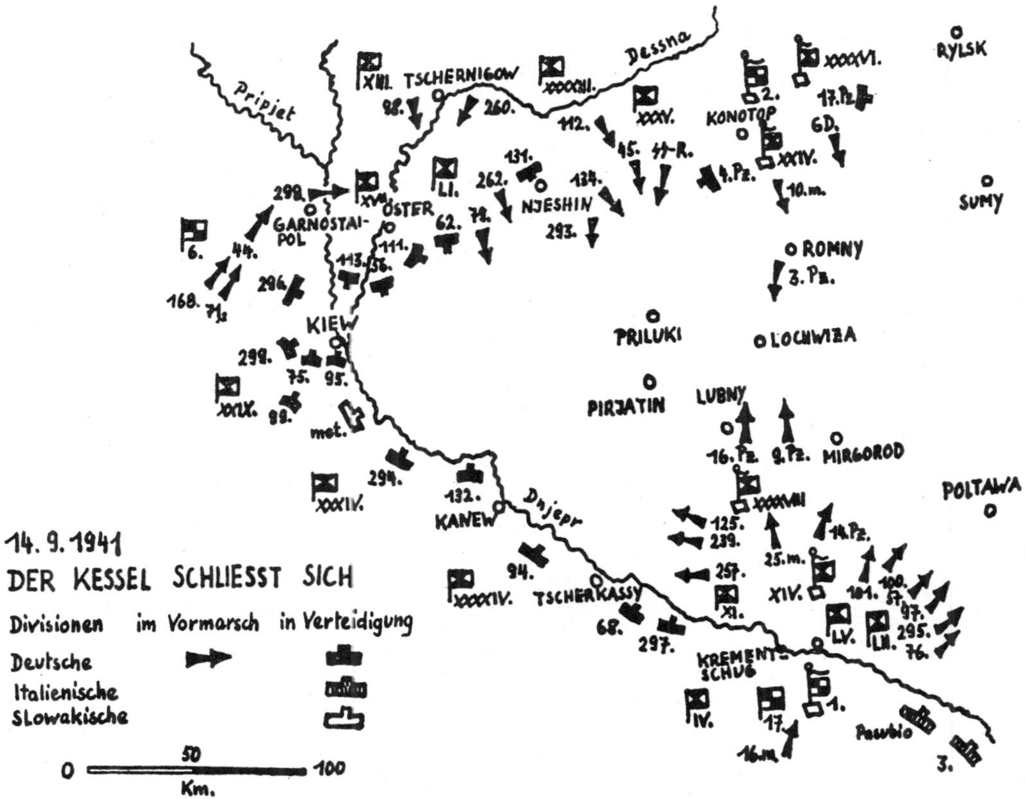
14. 9. 1941
DER KESSEL SCHLIESST SICH
Divisionen im Vormarsch in Verteidigung
Deutsche
Italienische
Slowakische
0 50 100
Km.
Pripjet
Dessna
Dnjepr
TSCHERNIGOW
GARNOSTAIPOL
OSTER
NJESHIN
KONOTOP
RYLSK
SUMY
ROMNY
PRILUKI
LOCHWIZA
PIRJATIN
LUBNY
MIRGOROD
POLTAWA
KIEW
KANEW
TSCHERKASSY
KREMENTSCHUG

und werfen die gerade vorhandenen Verbände zur Ssula. Die kleine deutsche Kampfgruppe gerät in Gefahr, aufgezehrt zu werden. Major Frank erbittet in der Nacht sofortige Unterstützung durch die eigene Division. Generallt. Model stellt am Vormittag eine weitere Kampfgruppe aus allen Teilen seiner Division unter Oberstlt. von Lewinski zusammen. Die Kampfgruppe setzt sich am 13. 9. mittags in Marsch. Sie erhält unterwegs den Befehl zur äußersten Anspannung aller Kräfte, da eigene Aufklärungsflugzeuge den Vorstoß feindlicher Panzer gegen die Stellung der Vorausabteilung melden. Deutsche Stukas, ebenfalls alarmiert, stoßen auf die sowjetischen Kampfwagen herunter, so daß diese bereits außer Gefecht gesetzt sind, als die Kampfgruppe Lewinski in Mliny einfährt.

Die beiden Kommandeure kommen zu dem Entschluß, nicht das Aufschließen der Division abzuwarten, sondern mit den vorhandenen Kompanien bis Lochwiza durchzustoßen. Panzer, MTW, Kräder jagen den Flußdamm entlang und stürmen nacheinander bis zu den drei Ssulabrücken südlich Mliny. Die Kampfgruppen bilden sofort Brückenköpfe — und kommen nicht weiter. Jetzt sind die Sowjets mobil gemacht. Ihre Batterien nehmen von dem nur 1,5 km entfernten Lochwiza die deutschen Spitzenpanzer unter Feuer.

Die Kampfgruppen Lewinski und Frank gewinnen trotzdem das zerklüftete Südufer der Ssula und finden einigermaßen Deckung. Da die Kompanien ein wahnsinniges Tempo vorgelegt haben, um das feindliche Feuer zu unterfahren, sind sie alle durcheinandergeraten. Doch bald haben die Offiziere ihre Einheiten gesammelt und weiter geht es — Lochwiza entgegen. Die Kampfwagen der II./PR. 6 bilden die Rammböcke, während die Sfl. (Selbstfahrlafetten) der 3./Pz.Jäg.Abt. 521 den Feuerschutz übernehmen. Dann verhalten die Panzer, und die Sfl. rollen nach vorn. So boxen sich die beiden Kampfgruppen an Lochwiza heran, dessen Ostteil bis 17.00 Uhr erreicht ist.

Die Russen, es sind Angehörige verschiedener Verbände, setzen sich mit fanatischer Verbissenheit zur Wehr. Doch nützt ihnen

Generaloberst Guderian, Befehlshaber der Panzergruppe 2 (links am Tisch sitzend), vor seinem Gefechtsstand in der Nähe von Lochwiza, als er den Befehl zum weiteren Vorstoß des XXIV. motorisierten Armeekorps nach Süden gibt.

Ein leichter Funk-SPW der 3. Panzerdivision, die später den Kessel von Kiew schloß.

Die Panzer und Aufklärungswagen der Panzergruppe Guderian stellen sich zum Angriff nach Süden bereit.

Schwere deutsche Panzerkampfwagen bahnen den Infanteristen den Weg durch die sich tapfer und stellenweise bis zur letzten Patrone verteidigenden Rotarmisten der 5. Sowjetarmee.

aller Opfermut nichts, als die Panzer herandröhnen. Nach einem halbstündigen Gefecht weichen die Sowjets aus, dicht gefolgt von den Schützen des I./SR. 3. Unsere Soldaten kommen bis zum Straßenkreuz in der Mitte der Stadt. Da hat der Gegner seine Geschütze, Granatwerfer, Pak und Flak aufgestellt und läßt die deutschen Kompanien nicht weiter.

Oberstlt. von Lewinski befiehlt darauf um 19.00 Uhr, daß die Panzer und Sfl. die Stadt räumen und Sicherungsstellungen in den Schluchten am Stadtrand beziehen. Lediglich das I./SR. 3 (Major Wellmann) verbleibt im Ort und hält sich im Ostteil Lochwizas.

Die Lage beim XXIV. AK.mot. am Abend des 13. 9. bietet folgendes Bild: Die 4. PD. hat Gaiworon genommen, während die SS-D. „Das Reich" 14 km südlich Borsna steht. Die 10. ID. mot. löst sich langsam aus dem Raum um Konotop und folgt der 3. PD. auf Romny nach. General d. Pz.Truppen Geyr von Schweppenburg erkennt, daß die 16. PD. der Pz.Gruppe 1 nur noch 40 km südlich Lochwiza aufmarschiert. 40 km sind noch frei, durch die von Stunde zu Stunde mehr Feindkräfte abzufließen beginnen . . .

Da bricht der 14. 9. an. Es ist ein strahlendschöner Spätsommertag, ein herrlicher Sonntag, an dem in der fernen Heimat die Kirchenglocken läuten. Es ist der Tag, der den „Anfang vom Ende" der sowjetischen Heeresgruppe „Südwestfront" bedeutet.

Die 16. PD. des Generalmajors Hube greift Lubny an. Das SR. 79 (Oberst von Arenstorff) und das II./SR. 64 (Hptm. Fondermann) stürmen nach kurzer Artillerievorbereitung die Stadt. Die Sowjets geben nach Kampf auf und räumen Lubny.

Die 3. PD. stürmt zur selben Zeit Lochwiza. Teile des I./SR. 3 und der III./PR. 6 treten bei Büchsenlicht am 14. 9. zum Angriff auf die feindlichen Widerstandsnester in Lochwiza an. Was gestern nicht gelang, glückt heute! Die 3./SR. 3 (Hptm. Peschke) bricht überraschend schnell durch die Stadt und besetzt im Handstreich die große Nordbrücke. Eine zum Schutz der Brücke aufgestellte Flakbatterie wird mit „Hurra" genommen. Der feindliche Widerstand bricht restlos zusammen. Als gegen 10.30 Uhr die Kampfwagen der II./PR. 6 einfahren, zeigen sich die Russen nur noch mit erhobenen Armen. Lochwiza ist in deutscher Hand!

Das I./SR. 3 rückt über die Brücke und bezieht Stellung auf den Höhen von Jaschniki südlich von Lochwiza sowie auf den Höhen bei Charjkowzi im Westen der Stadt. Die Masse der 3. PD. trifft zur Mittagszeit in Lochwiza ein und besetzt sofort eine Rundumverteidigungsstellung. Generallt. Model ist bei seiner kämpfenden Truppe und richtet im Schulhaus von Lochwiza seinen Gefechtsstand ein. Hier erscheint am Nachmittag Generaloberst Guderian, der wie immer vorn ist, wenn es um die Entscheidung geht!

Die beiden Panzerführer ordnen noch am selben Nachmittag die Aufstellung eines kampfstarken Spähtrupps an, der unverzüglich weiter nach Süden zur Verbindungsaufnahme mit der 16. PD. stoßen soll. Damit beginnt eine Episode des 2. Weltkrieges, die sich in der Geschichte dieses ereignisreichen Krieges kaum noch einmal finden läßt. Es ist eine Episode, die nur mit den Kavallerie-Fernpatrouillen des Jahres 1914 verglichen werden kann.

Oblt. Warthmann, Chef 9./PR. 6, wird zum Führer dieses Spähtrupps ernannt. Der Oberleutnant verfügt allerdings nur über einen einzigen Panzer vom Typ P-III, einen Befehlspanzer als Funkstelle und einige MTW. Es sind insgesamt zwei Offiziere — Oblt. Warthmann und Oblt. Müller-Hauff —, ein Kriegsberichter (Sonderführer Heysing) und 45 Mann, die zu dem kühnen Panzerraid starten, der zur Schließung des Kessels um Kiew führt!

Die kleine Kampfgruppe tritt bei sonnigheißem Wetter an. Die Straßen südlich Lochwiza sind fest und zeigen nur wenige Moraststellen. Die beiden Panzer und die MTW durchfahren bei Iskowizy-Ssentschanskije die vorderen Sicherungen der Vorausabteilung des Majors Frank. Dann sind sie im weiten, leicht welligen Feindland. Verbindung zur Division ist von nun an nur durch Funk möglich.

Die ersten Mängel dieser provisorisch zusammengestellten Kampfgruppe zeigen sich nach 2 km Fahrt. Einige Fahrzeuge, darunter das einzige Krad, fallen wegen Motoren- und Getriebeschadens aus und müssen zurückgelassen werden. Ein Teil ihrer Besatzungen wird später von feindlichen Panzern gestellt und gefangengenommen. Die Kampfgruppe rattert weiter ...

Nach drei Stunden Fahrt taucht das erste Dorf auf. Eine sowjetische Transportkolonne rastet an der Straße. Die Feinde verlassen beim Näherkommen des Spitzenpanzers hastig die Panjefahrzeuge und stürzen in die nahen Sonnenblumenfelder. Ein kurzer Feuerstoß der MG, aufzischende Flammen — es gibt keinen Halt. Als eine Höhe überfahren wird, kreuzen Lastwagen mit dem roten Stern die Straße.

Wieder sprechen die MG. Weiter! Nach 500 m die nächsten Russen. Diesmal ist es eine lange Kolonne von Geschützen, Troßfahrzeugen, Protzen, Panjewagen, Trecker, die von berittenen Kosaken bewacht wird. Von neuem pfeifen die MG. Die deutschen Panzer und MTW schießen sich eine Gasse durch die Kolonne und brechen durch.

Oblt. Warthmann kennt keinen Halt. Er führt seine Gruppe durch Hohlwege, Sumpfniederungen, Wald, Feld und über manche brüchige Holzbrücke. Bei Titschi geht es über die Ssula — es ist genau die Hälfte des Weges zwischen Lochwiza und Lubny. Da bricht die Funkverbindung ab. Erst als die Fahrzeuge wieder die Höhe erreichen, hören die Funker des Divisionsgefechtsstandes in Lochwiza die Worte: „Um 16.02 Uhr auf der Höhe von Luka!"

Die Sonne geht rotgolden unter. Da läßt Oblt. Warthmann zum erstenmal auf einer Hochfläche halten. Die Panzer und MTW suchen Deckung unter den Getreidepuppen. Die Offiziere kriechen bis zum Rande des Feldes und blicken durch die Ferngläser. Dort zeigt sich die violettfarbene Silhouette von Lubny. Dunst und Qualmwolken ziehen über die Häuser.

Das Heulen der Granaten und das Pfeifen der MG-Geschosse ist deutlich zu vernehmen. Es ist kein Zweifel mehr: Der Stoßtrupp steht dicht hinter der russischen Front, wenige Kilometer vor den Spitzen der Heeresgruppe Süd!

Da taucht ein deutsches Aufklärungsflugzeug auf, geht tiefer und tiefer und rollt neben dem Befehlspanzer auf dem Stoppelfeld aus. Ein Fliegerleutnant, dessen Name unbekannt ist, springt aus der Maschine, läuft auf die beiden Panzeroffiziere zu. Er meldet, daß er von Generallt. Model geschickt sei, um ihren Standort festzustellen und der 16. PD. das Kommen zu berichten. Wenige Minuten später ist die Maschine wieder in der Luft. Das Flugzeug nimmt Richtung Lubny, kreist über der Stadt und wirft eine dunkellila Rauchpatrone. Es ist das verabredete Zeichen:

„Wir kommen!"

Oblt. Warthmann gibt Befehl: „Panzer marsch!" Die Kampfgruppe setzt sich in Bewegung, durchfährt eine Schlucht, feuert auf plötzlich aus dem Dunkel auftauchende Russen. Ein Bach versperrt die Weiterfahrt. Die Offiziere suchen eine Überfahrt. Es zeigt sich eine Brücke. Der P-III fährt los. Die Brücke ist gesprengt. Der Panzer hält. Da springen feldgraue Gestalten am Ufer auf. Sie sind lehmverkrustet, stoppelbärtig und schmutzig. Aber sie winken und winken. Es sind Männer der 2./Pi.-Btl. 16 des Oblt. Rintschen.

Oblt. Warthmann blickt auf die Uhr: „Es ist genau 18.20 Uhr am 14. 9. 1941. Wir haben es geschafft!"

Die Pioniere weisen auf eine Furt durch den Bach. Die zwei Panzer und MTW waten durch das Wasser. Sie drehen nach Lubny ein. Schon wenige Minuten später steht der Oberleutnant der 3. PD. vor dem Kommandeur der 16. PD. Der P-III mit dem großen „G" auf seiner Stahlwand hat neben dem Befehlspanzer mit dem „K" auf der Stahlwand gehalten. Die Spitzen der Panzergruppen Guderian und Kleist sind aufeinandergetroffen.

Der Kessel von Kiew ist geschlossen! —

Die 3. PD. hat im Laufe des soeben ausklingenden Tages ihre Kräfte enger an Lochwiza herangezogen. Der Druck des von West nach Ost durchbrechenden Feindes verstärkt sich von Stunde zu Stunde. Die Stadt selbst ist bald von allen Seiten eingeschlossen. Um sich nach Norden Luft zu schaffen, versucht eine Kampfgruppe des Pi.-Btl. 39 einen Angriff auf Luka, um hier die Brücken zu sprengen. Dieser Versuch muß infolge feindlichen Abwehrfeuers abgebrochen werden.

Die 3. PD. sammelt am 15. 9. ihre Einheiten in und um Lochwiza. Major von Behr, Kdr. der NA. 39, wird deutscher Stadtkommandant. Seine Arbeit besteht in erster Linie in der Sicherstellung des Nachschubs und in zweiter Linie in der Betreuung der nun von allen Seiten anreisenden Kriegsberichterstatter von Film, Funk und Presse. Sie wollen alle die geschichtliche Begegnung zweier deutscher Heeresgruppen in der Weite der Ukraine in Wort und Bild festhalten.

Die Kampfgruppe des Majors Frank sichert Lochwiza nach Südosten. Die hier in Stellung liegenden Schützen, Panzerjäger und Kanoniere kennen keine Pause, denn sie haben sich immer wieder gegen aus- und durchbrechende Russengruppen zu wehren. Bei einem solchen Scharmützel fällt der Kampfgruppe ein General in die Hand. Es ist der 2. Intendanturrat der 21. Sowjetarmee.

Gegen Mittag des 15. 9. tauchen von Osten her Staubwolken auf, die sich den Stellungen der Soldaten der 3. PD. bedrohlich nähern. Es sind Panzer. Schon gibt Major Frank Alarm. Da rollen die Kampfwagen heran. Die Männer der 1./SR. 394 erheben sich plötzlich und laufen den grauen stählernen Kolossen mit dem Eisernen Kreuz entgegen. Es sind Fahrzeuge der Spitzengruppe der 9. PD.

Der Kessel von Kiew ist zum zweitenmal geschlossen!

Die 9. ostmärkische PD. unter Generallt. Hubicki ist am 13. 9. hinter der 16. PD. nach Lubny gefolgt, wird am 14. 9. nach Osten abgedreht und hat im aus- und überholenden Angriff nach Norden Boden gewonnen und am 15. 9. früh 7.15 Uhr die Ssulabrücken in Ssentscha, ostwärts von Lochwiza, genommen!

Die Division steht an diesem Tag in einem 50 km tiefen und äußerst schmalen Keil zwischen Mirgorod, das von der 14. PD. gestürmt ist, und Ssentscha. Die 9. PD. kämpft gleichzeitig nach drei Seiten. Das PR. 33 marschiert als Spitzengruppe nach Norden und hat nun Anschluß an die 3. PD. gefunden.
Die 3. PD. selbst ficht ebenfalls nach drei Seiten. Das SR. 3 erweitert die Stellungen nach Norden und Osten und besetzt dabei die Brücken bei Jaschniki. Das SR. 394 schiebt sich zwischen Lochwiza und die 4. PD., die inzwischen in Richtung Priluki vordringt. Die AA. 1 wirft den Gegner auf Tschernuchi zurück. Dagegen versuchen die Sowjets bei Shdany durchzubrechen. Das K. 3 und die später eingreifende III./PR. 6 fangen diese Gruppen auf.
Da die 3. PD. noch allein im weiten Raum steht und mit 16. und 9. PD. vorerst nur lose Verbindung hat, setzt Generallt. Model nach allen Richtungen Späh- und Stoßtrupps an, um die Division vor unliebsamen Überraschungen zu schützen. Hierbei stößt eine Gruppe der 1./SR. 3 unter Ofw. Kretschmar und Uffz. Baudein auf die Spitze der AA. 16.
Der Kessel von Kiew ist damit an dritter Stelle geschlossen!

6. Die Schlacht im Kessel

Die Landschaft der Ukraine im großen Dessna-Dnjeprbogen ostwärts Kiew sieht in der zweiten Hälfte des Monats September den tragischen Untergang einer russischen Heresgruppe. Ihre Vernichtung wird durch den unabänderlichen Haltebefehl Stalins, einer militärischen Intuition Hitlers und durch die Tapferkeit deutscher Soldaten Realität. Das weite, mit Sonnenblumen-, Mais-, Getreidefeldern und Obstbaumkulturen bestückte Land, in dem sich noch die Windmühlenflügel seit Jahrhunderten drehen und der Bauer mit seinem Panjewagen über die ausgefahrenen Sandwege zieht, wird von nun an überdeckt mit Tausenden von toten Soldaten, mit Abertausenden verwesender Pferde, mit geborstenen Geschützen und Panzern . . .
Diese Landschaft wird zum größten Schlachtfeld des Ostfeldzuges. Als sich die Spitzen der Panzergruppen Guderian und

Kleist bei Lochwiza und Lubny vereinen, umfaßt das Schlachtfeld ein Dreieck, das in Rosslawl seine nördliche, in Kiew seine westliche und in Krementschug seine südliche Spitze aufweist. Auf deutsche Verhältnisse übertragen, heißt das: Stettin — Köln — München. Die Seiten des Dreiecks messen ca. 500 km, die Gesamtfläche ca. 135 000 qkm.

Drei deutsche Armeen und zwei Panzergruppen haben fünf sowjetische Armeen eingeschlossen! Und so beginnt am 15./16. 9. die größte Kesselschlacht der Kriegsgeschichte. Stalingrad und der Untergang der Heeresgruppe Mitte mögen schmerzlicher und dramatischer sein. Die Schlacht von Kiew ist die größte, gewaltigste und in ihrer Tragweite, den Auswirkungen auf Kommendes vielleicht die entscheidendste des gesamten Feldzuges in der Weite des russischen Reiches!

Die Lage auf deutscher Seite zeichnet sich am Abend des 15. 9. wie folgt: Die Pz.Gruppe 2 kämpft im äußersten Norden mit dem XXXXVI. und XXIV. AK.mot. Dabei hat das XXXXVI. AK. mot. die Ostflanke zu sichern, da das XXIV. AK.mot. nun in breiter Front ostwärts Romny nach Süden drückt. Das rechts benachbarte Höh.Kdo. XXXV befindet sich noch weit zurück hinter der SS-Div. „Das Reich". Das zweite Korps der 2. Armee, das XXXXIII. AK., ist ebenfalls durch die Südbewegungen bereits aus vorderster Front herausgedrückt. Das Korps hält seine Divisionen an und zieht sie am Abend schon nach Norden. Die 2. deutsche Armee hat praktisch an diesem Tag keinen Einfluß mehr auf die sich steigernde Schlacht. Das AOK 2 selbst wird am 16. 9. von der Befehlsführung abgelöst und verlegt in den nächsten drei Tagen weiter in den Mittelabschnitt der Heeresgruppe. Das AOK 6 hat bis zum 15. 9. das LI. und XVII. AK. nördlich Kiew herumgeführt. Dabei gelingt es dem LI. AK., genau die Naht zwischen 5. und 26. Sowjetarmee zu treffen und hier mit der 79. ID. (Generallt. Strecker) einen tiefen Einbruch zu erzielen. Das XXIX. AK. hält Kiew vom Westen und Süden umschlossen, während Höh.Kdo. XXXIV, IV. und XXXXIV. AK. die Sicherung am Dnjepr zwischen Kiew und Krementschug durchführen.

Die 17. Armee steht mit ihrem XI. AK. an der Ssula von Goroschin bis zur Flußmündung. Das XXXXVIII. AK.mot. kämpft um Lubny. Das XIV. AK.mot. befindet sich im Anmarsch zum Psiol südlich Migorod. Das LV. und LII. AK. rücken in breiter Front nach Nordosten langsam in Richtung Poltawa vor. Der Bericht des OKW meldet diese Tatsache am 16. 9.:

> „In der Ukraine haben Verbände des deutschen Heeres mit wirksamer Unterstützung durch die Luftwaffe in kühnen Angriffen an den wichtigsten Stellen Brückenköpfe über den breiten Unterlauf des Dnjepr gebildet. Nachdem die Brückenköpfe — (hier ist neben Krementschug auch der von Dnjepropetrowsk gemeint) — in mehrtägigen Kämpfen gegen erbitterte starke feindliche Angriffe zum Teil mit Panzerunterstützung gehalten und erweitert werden konnten, sind nunmehr die deutschen Divisionen aus ihnen heraus in breiter Front siegreich weiter nach Osten vorgestoßen ..."

Das sowjetische Oberkommando und die untergeordneten Führungsstellen müssen am 15. 9. erkennen, daß die Deutschen schneller gewesen sind und den Kessel um die Heeresgruppe „Südwestfront" geschlossen haben. Die 5. und 21. Armee befinden sich im Norden der Kesselfront schon am 16. 9. in Auflösung. Die beiden Armeen sind beiderseits von Priluki abgetrennt und vollkommen mit ihren Verbänden durcheinandergeraten. Die 37. Armee, die noch um Kiew hält, ist von drei Seiten nahezu eingekesselt und verteidigt sich in einem Radius von 25 km. Die 26. Armee steht noch mit Front am Dnjepr und befehligt über Reste der 38. Armee nordwestlich Krementschug. Das Oberkommando „Südwest" unter Marschall Timoschenko ordnet am 16. 9. an, daß 40. und 38. Armee sowie die selbständigen Kav.Korps II und V von Osten her die Kesselfront aufbrechen und die deutschen Panzergruppen zurückschlagen sollen. Die russischen Truppen versuchen zwar mit Hartnäckigkeit und Sturheit diese Befehle auszuführen, doch scheitern sie an der Abwehr der nach Osten eingesetzten Heeres- und Luftwaffenverbände.

Das Schlachtfeld von Kiew vom August und September 1941 in der Größenordnung der Raumausdehnung Stettin – Köln – München.

Blick aus der Kanzel einer "Ju 88" der Fernaufklärungsgruppe 121 auf den unregulierten Flußlauf des Dnjepr und seiner Zuflüsse. Das Bild wurde am 2. August 1941 aufgenommen.

Deutsche Kampf- und Sturmkampfflugzeuge fügen in den ersten Wochen der beginnenden Kesselschlacht der russischen Luftwaffe schwere Schäden zu. Das Bild zeigt einen eroberten Flugplatz bei Gomel.

Generalmajor Bagramjan, Chef der Operationsabteilung des Oberkommandos „Südwest", fliegt in den Kessel ein und meldet sich im Hauptquartier der Heeresgruppe „Südwestfront" in Priluki. Hier übermittelt er mündlich den Befehl an Generaloberst Kirponos, Kiew zu räumen und mit der Heeresgruppe nach Osten durchzubrechen. Generaloberst Kirponos zweifelt an dieser Mitteilung und läßt sich funktelegraphisch mit Moskau verbinden. Endlich, 3.40 Uhr am 17. 9., ist die Verbindung hergestellt. Kirponos fragt an, ob er Kiew aufgeben soll. Marschall Schaposchnikow antwortet: „Einverstanden!"

Generaloberst Kirponos befiehlt am Morgen dieses Tages den allgemeinen Ausbruch. Er setzt im einzelnen die Routen der Armeen fest. Danach bricht die 21. Armee über Romny durch, das zur gleichen Zeit von Osten her vom II. Kav.Korps angegriffen wird. Die 5. Armee stößt über Lochwiza, dicht gefolgt von der 37. Armee. Die 26. Armee schlägt sich mit Resten der 38. Armee über Lubny durch. Alle AOK geben ihr „Verstanden" nach Priluki. Nur das AOK 37, dessen Oberbefehl Generallt. Wlassow übernahm, meldet sich nicht mehr: Die Verbindung zwischen Heeresgruppe und Kiew ist abgerissen!

Die sowjetischen Truppen, die seit Kriegsbeginn der Heeresgruppe Süd mehr als einmal örtliche Schlappen zufügten und bisher in festgefügter Front kämpfen, geraten in den ersten zwei Kampftagen der Kesselschlacht bereits in ein Chaos, da die russische Führung restlos versagt. Die Sowjetarmeen sind aufgespalten und in Kampfgruppen zersplittert, die keinerlei Verbindung mehr haben und deshalb auf eigene Faust je nach Lage und Gelände einen eigenen Krieg führen. Der Kessel um Kiew verengt sich nicht systematisch, sondern bricht wie ein durchlöcherter Ballon nach und nach zusammen. Schon in diesen ersten Tagen ist der Kessel auf das Dreieck Priluki—Kiew—Schownin (ungefähr: Würzburg — Stuttgart — München) zusammengedrückt.

Das AOK 17 hat den Angriff seiner Verbände nach Westen für den 17. 9. angeordnet. Die Front an der Ssula ist bis zu diesem Tag einigermaßen ruhig gewesen. Vereinzelte Versuche der Sowjets, über den Fluß auszubrechen, werden vereitelt. Das XI. AK. setzt 5.40 Uhr zum Angriff über die Ssula an. Am linken Flügel geht die neu eingeschobene 24. ID. direkt an der Mündung der Ssula über den Fluß und marschiert dem Dnjepr entlang nach Nordwesten. IR. 31 und IR. 32 zerschlagen den ersten Feindwiderstand und öffnen der Division den weiteren Weg. Die 257. ID. besetzt bereits bis 9.00 Uhr das Höhengelände am Westrand der Ssula. 290 Gefangene und zehn 7,62-cm-Pak sind die erste Beute. General d. Infanterie von Kortzfleisch, der hier den Übergang mitmacht, wird verwundet. Generallt. Sachs übernimmt vertretungsweise die Führung des Korps; der Artilleriekommandeur, Generalmajor Anger, die Führung der 257. ID.

Die Divisionspioniere bauen, kurz nachdem die ersten Sturmgruppen übergesetzt sind, eine Kriegsbrücke, die bis 18.30 Uhr fertiggestellt ist. Der Übergang kann aber nicht beschleunigt werden, denn, als eine 10-cm-Kanonenbatterie überfährt, bricht die Brücke zusammen. Die Räum- und Bauarbeiten werden sofort aufgenommen. Die neue Brücke ist erst am nächsten Tag gegen 14.30 Uhr einsatzbereit. Das IR. 477 nimmt am 18. 9. die Höhen westlich Perwomaiskoje und steht damit 20 km westlich der Ssula.

Der Angriff am nächsten Tag gewinnt noch einmal 20 km Boden. Die 257. ID. befindet sich am Abend 10 km vor Soltonoscha und erreicht am 20. 9. die Bahnlinie Soltonoscha — Pirjatin. Da trifft der Befehl des Korps ein, die Bahn nicht zu überschreiten, da in Soltonoscha bereits eigene Truppen eingerückt sind. Es handelt sich hierbei um die 79. ID., die an diesem Tag die Verbindung mit der 24. ID., der linken Flügeldivision des XI. AK., herstellt!

Die 24. ID. hat in den letzten vier Tagen 100 km Gelände am Nordufer des Dnjepr gewonnen. Durch die Vereinigung mit der vom Norden gekommenen 79. ID. fällt jetzt die 24. ID. aus der Front. Sie wird sofort an den Nordflügel des Korps verlegt. Ihr neuer Auftrag lautet, die russischen Ausbruchversuche abzu-

Kiew, die Metropole der Ukraine, wird nun Kriegsgebiet.

Kiew, die Stadt der Klöster und Prachtstraßen, weist seit August 1941 erste Zerstörungen auf.

Die "Rote Armee" sprengt bei ihrem Rückzug aus Kiew am 18. und 19. September alle Dnjeprbrücken.

Die ersten Scharen der geschlagenen 5. Sowjetarmee ziehen nach rückwärts, nur von wenigen Luftwaffensoldaten bewacht, während an ihnen vorbei eine Reservekompanie der Infanterie zur Front rückt.

weisen und einen Keil in die Reihen der Sowjets zu treiben. Der große Kessel um Kiew soll nämlich in viele kleine Kessel aufgespalten werden, um diese nach und nach von selbst „ausbrennen" zu lassen. Gleichzeitig soll der feindlichen Führung keine Gelegenheit gegeben werden, um straff zusammengefaßte und einheitlich ausgerichtete Massenangriffe gegen die deutsche Kesselfront anzusetzen.

24. und 257. ID. drehen nach Nordosten ab, um den bei Orshiza mit Front nach Osten haltenden Sowjets in den Rücken zu fallen oder diese gegen die 16. PD. zu drücken. Die Planung dieses Angriffs leidet darunter, daß die Stäbe kaum über ausreichendes Kartenmaterial verfügen. Es muß immer wieder auf Beutekarten zurückgegriffen werden, die entweder schlecht sind oder noch aus der zaristischen Zeit stammen.

Die 24. ID. stellt sich am 20. 9. bei Nowij Irshawez zum Angriff auf Orshiza bereit. IR. 31 geht links vor, IR. 102 rechts. Der feindliche Widerstand ist äußerst hart und verbissen. Die Russen kämpfen wirklich bis zur letzten Patrone, so daß der eigene Angriff — auch nachdem das IR. 32 eingeschoben ist — nicht vorwärtskommt. Die 125. ID. ist gleich nach dem Ssulaübergang nach Norden eingeschwenkt und drängt die Sowjets vom Süden und Westen her ebenfalls gegen den Fluß. Die Russen versuchen bei Tarassowka über die Ssula nach Osten zu entweichen. Sie rennen dabei gegen die AA. 125 an, die die Brücke ostwärts des Dorfes besetzt hat. Die AA. 125 verzeichnet viele Ausfälle und beginnt zu weichen. Da befiehlt Oberstlt. Reinhardt, Kdr. des IR. 421, aus eigenem Entschluß den Angriff seiner Spitzenkompanie auf Tarassowka. Der Oberstlt. setzt sich selbst an die Spitze dieser durch wenige Panzerjäger verstärkten Kompanie, dringt in den Ort ein und reicht den abgekämpften Männern der Aufklärungsabteilung die Hand. 1700 Russen werden als Gefangene eingebracht.

Im Nordosten dieses Gefechtsabschnittes ist inzwischen das XXXXVIII. AK.mot. bis zur Mündung des Orshizabaches in die Ssula vorgekommen. Das Korps ist am 17. 9., morgens 5.30 Uhr, mit seinen von links nach rechts aufgestellten 25. ID.mot.,

16. PD. und 9. PD. aus dem Abschnitt westlich Lubny angetreten. Der Gegner wehrt sich äußerst hart, so daß Dorf nach Dorf gesäubert werden muß. Die Orshiza ist schon nach knapp sechs Stunden erreicht. Das I./SR. 64 bildet bei Jablonewo den ersten Brückenkopf und macht 500 Gefangene.

Das Korps hat damit seinen Auftrag erfüllt und wird angehalten. Es bezieht ab 18. 9. eine Abwehrstellung mit Front nach Westen. Das vom Südwesten angreifende XI. AK. und die vom Norden kommenden Divisionen des LI. AK. sollen die Sowjets den Panzerdivisionen vor die Rohre treiben. Die 16. PD. verteidigt in einer 25 km breiten Front entlang des Tschurnaj und der Orshiza.

Die Russen versuchen noch am selben Tage zum erstenmal nach Osten auszubrechen. Sie verstärken am 19. 9. ihre Angriffe, die sie vornehmlich gegen den rechten Flügel der Division richten. Das I./SR. 64 gerät in eine gefährliche Situation. Die Schützen krampfen sich in die Ruinen von Filipowitschi und Bjelowsowka. Sie kämpfen mit MG, Karabiner, MPi und Handgranaten gegen die verzweifelten und teilweise unter Alkohol stehenden Russen. Als die Munition ausgeht, fassen die Schützen zu Spaten und Gewehrkolben und geben keinen Meter Boden preis. Da macht sich am Nachmittag das Näherkommen eigener Truppen bemerkbar. Es handelt sich hierbei um die Vorausabteilungen der 45. ID. und des IR. 512 der 293. ID., die beide von Norden her anrücken.

Der Feind gibt aber nicht auf. Teile von vier Divisionen stoßen am 20. 9. erneut gegen die 16. PD. Die Russen erzwingen bei Onischki den Flußübergang und brechen nach Nordosten aus. I./SR. 64, II./AR. 16 und später I./SR. 79 treten am Nachmittag zum Gegenangriff an. Der erste Stoß wird von den tapfer kämpfenden Sowjets zurückgeschlagen. Unsere Schützen stürmen zum zweitenmal mit aufgepflanztem Bajonett. Jetzt beginnt der Gegner zu weichen. Die Einbruchslücke am Südflügel ist geschlossen.

Doch auch im Nordabschnitt der 16. PD. gibt es keine Ruhe. Oberst Höfer, Kdr. SR. 64, befiehlt seinem II. Bataillon Krupo-

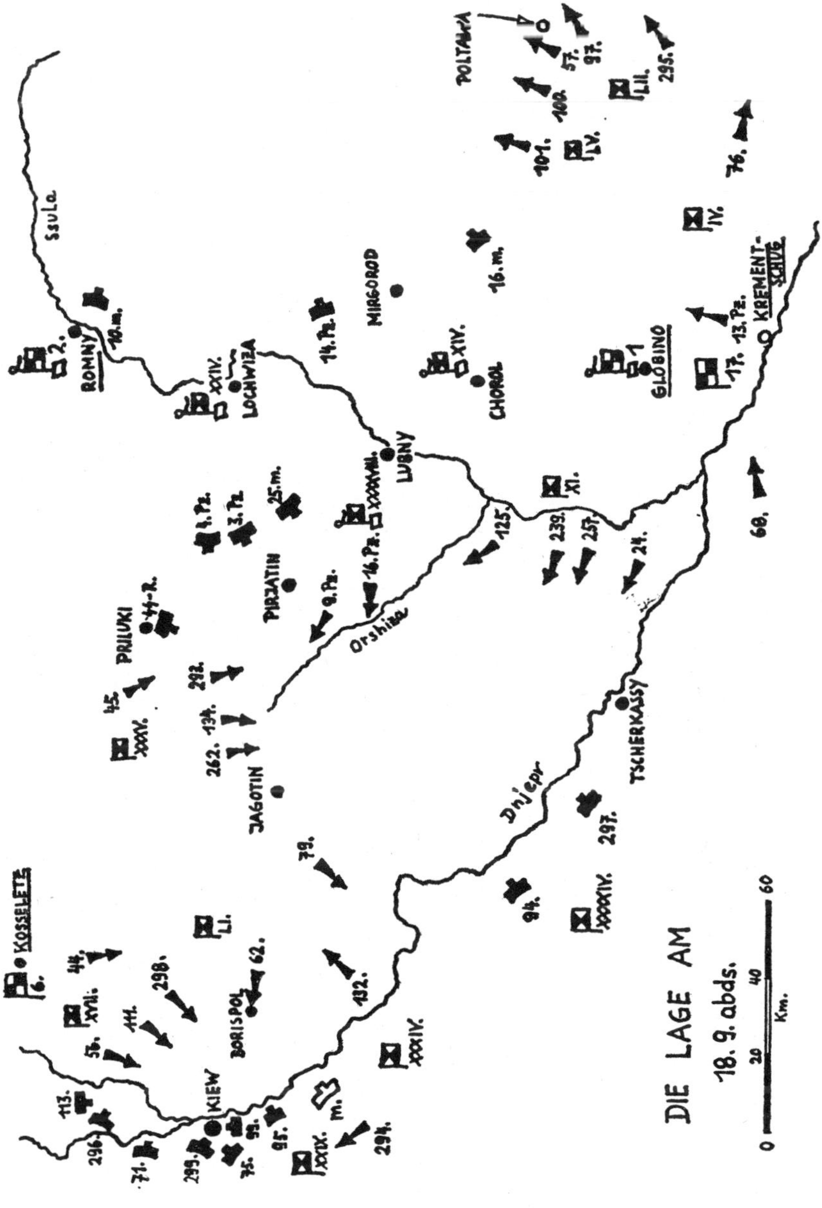
DIE LAGE AM
18. 9. abds.
0
20
40
60
Km.
KOSSELETS
ROMNY
LOCHWIZA
LUBNY
MIRGOROD
CHOROL
GLOBINO
KREMENTSCHUG
POLTAWA
PRILUKI
PIRJATIN
JAGOTIN
BORISPOL
KIEW
TSCHERKASSY
Ssula
Orshiza
Dnjepr

derenzy zu stürmen, um damit dem schwer angeschlagenen I./SR. 64 Luft zu schaffen. Der Angriff kann aber erst in der Dunkelheit durchgeführt werden, nachdem die Pioniere die zerstörte Brücke bis 19.30 Uhr benutzbar gemacht haben. Das II./SR. 64 (Oberstlt. Reimann) trifft in der Dunkelheit auf eine riesige Kolonne. Da man nicht weiß, ob es sich um Freund oder Feind handelt, rufen die vorderen Gruppen: „Kennwort!" Es erfolgt keine Antwort. Da beginnen die deutschen MG zu tacken. Der Feuerzauber dauert nur wenige Minuten. Dann kommen die Russen — aber ohne Waffen. Die sowjetische Kampfgruppe, die dem I./SR. 64 in den Rücken stoßen sollte, ergibt sich!

Endlich, am 22. 9. macht sich der Angriff der 24. ID. und 125. ID. vom Süden und Südwesten her bemerkbar. Das IR. 31 der 24. ID. gewinnt das Sumpfgelände westlich Orshiza. Die 5./IR. 102 räuchert mit Flammenwerfern die Bunkerstellungen aus. Die Russen lassen von der Division ab, ziehen sich nach Orshiza zurück und greifen wie die Wilden die Sicherungen der 16. PD. an, um irgendwo und irgendwie den Weg ins Freie zu gewinnen. Überall klopfen sie die Wand des riesigen Kessels ab, um eine dünne Stelle zu finden.

Das SR. 79 gerät noch einmal in eine gefährliche Krise. Das I. Bataillon (Major Wota) wird glatt überrannt. Die Sowjets dringen bis zu den Batteriestellungen vor. Die Kanoniere schwenken ihre Geschütze um 180 Grad und halten im direkten Schuß unter die zügellos und verzweifelt vorstürmenden Gegner, die zu Dutzenden vor den Stellungen fallen. Doch immer neue Gruppen, Kompanien, Bataillone russischer Schützen, Kanoniere, Troßverbände, Kavalleristen tauchen auf, wälzen sich über die Leiber ihrer gefallenen Kameraden und stürmen weiter. Am 23. 9. entreißen die Sowjets vorübergehend Solotutschi und Petriki unseren Panzermännern. Da ist die 24. ID. heran. Das IR. 31 stößt bis zum Damm bei Orshiza durch, nimmt den Ort — und stellt die Verbindung mit der 16. PD. her.

Die Lücken in der deutschen Front sind am 24. 9. geschlossen. Das IR. 421 der 125. ID. ist nun an die Orshiza herangekommen und nimmt Plechowo an der Flußmündung in die Ssula. Letzte Gegenangriffe der wie irr angreifenden Russen treffen noch einmal das II./IR. 421. Es ist ein letztes Aufbäumen des Gegners in einer ausweglosen Situation: Hinter sich Sumpf, vor sich deutsche Maschinengewehre. Der Kampf im Kessel von Kiew ist in diesem Stadium ungleich geworden.

Das XXIV. AK.mot. ist in diesen Tagen mit 3. und 4. PD. nach Westen eingedreht. Die SS-Div. „Das Reich" stößt nach Süden. Die 10. ID.mot. befindet sich im härtesten Abwehrkampf bei Romny gegen die von Osten anstürmenden feindlichen Divisionen. Die Pz.Gruppe 2 befiehlt der 3. PD. gewaltsame Aufklärung nach Westen. Die Hauptlast der Kämpfe liegt bei den Schützen, da das PR. 6 zu diesem Zeitpunkt nur noch über 10 Panzer verfügt. Die Kampfwagen sind unter dem Kommando von Major Schneider-Kostalski zusammengefaßt und nehmen am Vormittag des 16. 9. Melechi. Das SR. 394 verbleibt zur Sicherung ostwärts Pirjatin. Das SR. 3 stellt die Verbindung zur rechts benachbarten 4. PD. her.

Die 4. PD. hat am 15. 9. den Auftrag erhalten, nach Westen anzugreifen, den Lissadirfluß zu überschreiten und die Straße Priluki — Romny zu sperren. Die Division nimmt am nächsten Tag Ssekirenzy und überquert gegen Mittag die Rollbahn. Damit hat die Division ihren Auftrag erfüllt. Feindliche Gegenangriffe, die besonders am 17. 9. gegen die Stellungen des II./SR. 12 bei Malaja Warwa anbranden, werden abgeschlagen. Die 4. PD. verbleibt noch zwei Tage in diesem Abschnitt. Dann verlegen alle Kampftruppen nach Romny, da sich hier ein Krisenherd für die Pz.Gruppe 2 zu bilden scheint.

Die SS-Div. „Das Reich" besetzt am 16. 9. den Verkehrsknotenpunkt Priluki am Udaj. Damit ist an dieser Stelle den ausbrechenden Russen ein Riegel vorgelegt, den sie trotz aller Anstrengungen nicht mehr aufbrechen können. SS-Div. „Das Reich" wird nun bis 19. 7. im Zuge der Frontverkürzungen ebenfalls aus dem Kessel herausgenommen und rückt nach Osten in den Abschnitt Romny.

Luftaufklärung hat gemeldet, daß sich die feindlichen Truppen ab 17. 9. langsam nach Südosten wenden. Die 3. PD. erhält sofort Befehl, den Gegner zu verfolgen und den Udaj zu erreichen. Da das sommerlich-heiße Wetter einer kühleren Brise gewichen ist, leiden die Schützen kaum mehr unter der Hitze. SR. 3 und Teile des PR. 6 stehen am Nachmittag des 17. 9. bereits am Udaj. Ein Überschreiten des Flusses wird untersagt, da sich die Sowjets auf dem Westufer überlegen zeigen.

Der Gegner ist sogar noch in der Lage, am 18. 9. mit seiner 9. Kav.Div. und zwei intakten Pz.Brigaden einen Ausbruch nach Nordosten anzusetzen. Die Pz.Gruppe 2 erkennt die gefährliche Situation und erbittet von der Pz.Gruppe 1 beschleunigte Hilfe. Daraufhin wird sofort die 9. PD. in Marsch gesetzt, die sich hinter die 3. PD. legt.

Die Pz.Gruppe 2 ordnet für den 19. 9. an, daß die 3. PD. im Zusammenwirken mit der 25. ID.mot. den Raum ostwärts Pirjatin säubert und sichert. Da stößt der Feind in diese Bewegungen hinein. Starke Kavallerie- und Schützenverbände brechen in der Nacht bei der 25. ID.mot. durch und trennen sie von der 3. PD. Die Division setzt II./PR. 6, Teile Pz.Jäg.Abt. 521 und K. 3 zum Gegenstoß an. Die wenigen Panzer des Oberstlt. Munzel stoßen durch die russischen Kräfte und stellen kurz darauf nordostwärts Melechi die Verbindung mit den Sicherungen der 9. PD. her. Damit befinden sich die bereits ausgebrochenen Feinde in der Falle.

Die Russen sind aber stark genug, entziehen sich der vollen Einschließung und weichen auf Shdany aus. Teile des PR. 6, des K. 3 und später des PR. 33 drängen unverzüglich diese Feindgruppen auf Drjukowschtschina und in die dortigen Wälder und Schluchten zurück. 1./K. 3 (Hptm. von Cochenhausen) und 3./Pz.Jäg.Abt. 521 (Oblt. Lingk) greifen Drjukowschtschina frontal an, dringen nach Niederwerfen härtesten Widerstandes in den Ort ein, vernichten mehrere Geschütze und Pz.Spähwagen und machen eine große Anzahl Gefangener. Generalmajor Ssetenski, Artilleriekommandeur der 5. Sowjetarmee, und sein Stab wandern in deutsche Gefangenschaft.

Die Sowjets ziehen sich am Abend und in der Nacht zum 21. 9. tiefer in die Wälder südostwärts Pirjatin und südwestlich von Lochwiza zurück. Eine Verfolgung ist in der Nacht nicht möglich. Unsere Kampfgruppen greifen in der Morgendämmerung sofort wieder an. Die Russen verteidigen sich verbissen und verzweifelt. Sie weichen und wanken nicht aus ihren Schlupfwinkeln. Sie müssen buchstäblich einzeln herausgeschossen oder durch Flammenwerfer ausgeräuchert werden. Der Kampf in den dichten Wäldern ist von einer beispiellosen Härte und Brutalität. Doch langsam wird der russische Widerstand geringer, und genau nach fünfstündigem Gefecht verebbt der Lärm der MG und Karabiner.

Die Kradschützen der 1./K. 3 säubern die letzten Waldstücke von den Versprengten. Dabei muß jedes Erdloch, jeder umgefallene Baum, jeder Blätterhaufen untersucht werden, da auch die waffenlosen Russen Meister in der Tarnung bleiben. Als die Kradschützen wieder ein solches Erdloch aufstöbern und ihr „Rucki wjerch!" brüllen, erhebt sich ein tadellos gekleideter sowjetischer Offizier. Es ist der OB. der 5. Armee. Es ist einer der fähigsten Strategen der „Roten Armee", dessen Verdienst es gewesen ist, daß weder die 6. Armee noch die Pz.Gruppe 1 Kiew nehmen konnten. Generalmajor Potapow ergibt sich den Soldaten des Generallt. Model!

Der feindliche Widerstand an der Westfront des Kiewer Kessels ist damit zusammengebrochen. Die Sonne des 21. 9. bescheint ein Totenfeld. Das persönliche Tagebuch eines Bataillonsarztes der 3. PD. verzeichnet an diesem Tag die Worte:

„Es ist ein Bild des Grauens. Menschen- und Pferdeleichen zwischen Wagen und Gerät aller Art. Da ist ein Werkstattwagen mit elektrischen Drehbänken, Bohranlagen usw. So etwas habe ich noch nie gesehen. Sanitätswagen mit Instrumenten vollbeladen sind umgestürzt. Schwere Flak, Kanonen, Haubitzen,

Panzer, Lkw, Pkw. Sie sind teils im Sumpf steckengeblieben, teils haben sie sich in Häuser oder Bäume gebohrt, sind Abhänge hinuntergestürzt, ineinandergefahren oder verbrannt ..."

Das ist das Ende der sowjetischen Heeresgruppe „Südwestfront". Die Heeresgruppe selbst existiert seit dem 19. 9. nicht mehr als geschlossener Großverband. Die von allen Seiten angreifenden deutschen Divisionen haben an diesem Tag den Kessel bereits bis auf 40 km zusammengedrückt. Der Kessel erstreckt sich von Krupol im Norden bis Baryschewka im Westen, Peresjasslawl im Süden und Jagotin im Osten. Die russischen Armeen sind auseinandergesprengt und geraten nach und nach in kleinere, gesonderte Kessel.

Die 37. Armee kämpft mit 9 Schtz.Div. und 2 PD. ostwärts Kiew. Die Hauptstadt der Ukraine wird außerdem noch von der 6. und 284. Schtz.Div. verteidigt. Die 26. Armee steht mit 9 Schtz.-, 1 Kav.- und 1 Pz.-Div. zwischen Kiew und Krasnoje am Dnjepr. Die 5. Armee hält sich mit 17 Schtz.-, 2 Kav.-, 1 Pz.- und 1 NKWD-Div. im Abschnitt Jagotin.

Die Vernichtung dieser Feindkräfte wird — außer von den vorher genannten Divisionen der zwei deutschen Panzergruppen — von der 6. Armee durchgeführt. Das AOK 6 befiehlt am 19. 9. noch über XVII., XXXIV., XXXV. und LI. AK. mit 44., 45., 79., 62., 111., 134., 168. und 298. ID. Diese Divisionen greifen nun die eingeschlossenen feindlichen Armeen an.

Die 6. Armee hat am 13. 9. den Dnjepr bei Rschischtschew überschritten und stößt von diesem Tage an in Richtung Jagotin vor. Die 79. ID. hat durch die Zerscheidung der Bahnlinie Kiew — Njeshin hervorragenden Anteil an diesen Bewegungen. Durch den Angriff der Division ist die Stadt und Festung Kiew praktisch vom Osten her abgeschnitten und kann deshalb keinerlei Einfluß mehr auf die Bewegungen im Kessel selbst nehmen.

Der sowjetische Widerstand ist in den ersten Tagen der Schlacht vor der 6. Armee erheblich. Die 111. ID. hat z. B. härteste Kämpfe um Wallwitscha zu bestehen, die 262. ID. um Kisseljowka. Dann gibt der Russe nach und weicht auf Jagotin aus. Nun versteift sich seine Abwehr jedoch so, daß unsere Divisionen buchstäblich dem Gegner jedes Haus, jedes Waldstück, jede Straßenkreuzung im Nahkampf entreißen müssen. Die 56. ID. verliert im sechstägigen Kampf um die Orte Bulochowo, Ssawina, Ssemipolki und Dymerka 54 Offiziere, 1 141 Unteroffiziere und Mannschaften. Die Verluste der anderen Divisionen sind nicht geringer. Die 44. ID. meldet an Ausfällen während der ganzen Dauer der Kesselschlacht: 41 Offiziere, 1 006 Unteroffiziere und Mannschaften. Die 45. ID. beklagt in den Kämpfen bei Jagotin den Verlust von 40 Offizieren, 1 200 Unteroffizieren und Mannschaften.

Die sowjetischen Verluste sind bei weitem erheblicher. Allein im Abschnitt der 44. ID. werden später 198 gefallene Offiziere und 11 589 Rotarmisten gezählt. Die Geschichte wird niemals genaue Kenntnis von den Verlusten der „Roten Armee" in der Kesselschlacht um Kiew erhalten können. Keiner wird jemals die Zahl der Gefallenen und Verwundeten wissen, auf die jetzt, Ende September, noch einmal die strahlende Sonne fällt.

Nachdem das russische Oberkommando die Gefahr der Einkesselung der Heeresgruppe „Südwestfront" erkannt hat, setzt es alles daran, die Kesselfront von außen her aufzuspalten. Die Sowjets führen aus dem Hinterland alle verfügbaren Kampftruppen heran, um die deutsche Front ostwärts der Linie Romny — Krementschug aufzureißen und ihren Truppen den Weg aus dem Kessel zu bahnen.

Ein Aufbrechen des südlichen Teils der Abwehrfront ist von vornherein ein aussichtsloses Unterfangen, denn hier stehen starke Teile der 17. deutschen Armee in einer festgefügten Front. Diese Verbände — von Süd nach Nord: IV. AK. (76., 68. ID.), LII. AK. (97. lei.D., 295. ID.), LV. AK. (101., 100. lei.D., 57. ID.) und XIV. AK.mot. (14. PD., 16. ID.mot.) — gehen schließlich selbst zur Offensive nach Osten über, als sie den ersten Ansturm der Russen abgewehrt haben. Das LII. AK. des Generals von Briesen besetzt am 18. 9. das Hauptquartier des

Marschalls Timoschenko, Poltawa. Damit ist nicht nur der Schutz der im Kessel Kiew kämpfenden deutschen Korps gewährleistet, sondern es sind auch die von außen her geführten sowjetischen Angriffsversuche zerschlagen!

Lediglich die nördliche Front im Raum Romny, die noch am wenigsten durch deutsche Kräfte gesichert ist, kann zu einem Krisenherd werden. Das feindliche Oberkommando setzt gerade hier bedenkenlos Panzer-, Kavallerie- und Schützenverbände gegen die Stellungen der Pz.Gruppe 2 ein. Feindliche Luftstreitkräfte greifen seit Ende August die deutschen Kriegsbrücken über die Dessna an und verzögern vorübergehend den Nachschub an Menschen und Material für die südlich des Flusses kämpfenden XXIV. und XXXXVI. AK.mot.

Das XXXXVI. AK.mot. hat mit der 17. PD. und dem IR.mot. „Großdeutschland" den Anschluß an das XXIV. AK.mot. gefunden. Die 17. PD. geht am 15. 9. über den Sejm und nimmt Putiwl. Der Angriff kann aber nicht fortgesetzt werden, da sich der Feind so verstärkt hat, daß unsere Truppen eine klare Unterlegenheit aufweisen. Es muß zur Verteidigung und zur Abwehr übergegangen werden. Die Sowjets greifen immer wieder mit schweren und schwersten Panzern an und bringen unsere Führung und Soldaten in verzweifelte Situationen.

Der Schwerpunkt der feindlichen Angriffe liegt im Raume Romny. Generaloberst Guderian, der sich dort am 18. 9. aufhält, muß selbst erleben, wie gerade an diesem Tage überlegene Kräfte der 9. sowj. Kav.Div. die augenblicklich allein auf weiter Flur stehenden ersten beiden Bataillone der 10. ID.mot. in gefährliche Kämpfe verwickeln, die schließlich zu unseren Gunsten entschieden werden.

Die schwerste Waffe, die wir in diesen mehrtägigen Gefechten um Romny einsetzen, sind die Geschütze des I. Flak-K. des Generals d. Flakartillerie von Axthelm. Das Korps kämpft mit einem Regiment im Kessel, das andere zwischen Nowgorod Sewerssk und Romny. Da die feindlichen Angriffe nicht nachlassen, wird schließlich noch das Flak-Rgt. „Hermann Göring" dem Korps unterstellt. General von Axthelm schlägt seinen Gefechtsstand in Romny auf, um direkt von der Front aus sein Korps selbst zu führen.

Die 8,8-cm-Flakgeschütze sind die einzige Waffe, die den Russenpanzern Halt gebieten. So schießt allein die II./Flak-Rgt. 11 vom 18. — 22. 9. ostwärts Romny 20 Kampfwagen und 23 Geschütze ab. Der Zug des Lt. Schmidt von der 10./Flak-Rgt. 11 zeichnet sich dabei durch hervorragende Tapferkeit aus. Die zwei Geschütze des Zuges vernichten an einem einzigen Tag elf Feindpanzer. Als die Kämpfe im Kessel ausklingen, liegen vor Romny schließlich 33 ausgebrannte russische Kampfwagen.

Die Ostflanke der Kesselfront hält!

Generaloberst Guderian kann bereits am 20. 9. den Befehl zum Herauslösen seiner Panzerregimenter geben, denn inzwischen arbeiten OKH und Heeresgruppe Mitte schon an der Fortsetzung der Offensive, die diesmal nach Moskau führen soll . . .

7. Kiew in deutscher Hand

Der Kommandierende General des XXIX. deutschen AK. erläßt am 13. 9. 1941 folgenden Tagesbefehl:

> „Soldaten des XXIX. Armeekorps!
> Der Oberbefehlshaber der 6. Armee hat seine Truppen zu schnellem Zufassen und kühnem Wagemut aufgerufen. Wir werden den tapferen Divisionen, die am Nordflügel entscheidende Erfolge errungen haben, um uns die Hand zu reichen, nicht nachstehen und wollen beweisen, daß der alte Angriffsgeist und Angriffsschwung uns genau wie bisher erfüllt. Vor uns liegt das große Ziel Kiew, die Hauptstadt der Ukraine. ‚Reichskriegsflagge auf der Zitadelle Kiew', das sei unsere Losung in den nächsten Tagen!
>
> von Obstfelder."

Damit reift die Entscheidung zur endgültigen Inbesitznahme Kiews, das bisher allen deutschen Angriffen standgehalten hat. Die Stadt soll nach dem Willen Stalins auch weiterhin als Festung verteidigt werden. Zwar bemüht sich das Heeresgruppenkommando „Südwestfront" seit dem 11. 9., den Räumungsbefehl von Moskau zu erwirken. Doch Stalin bleibt hart und befiehlt: „Halten um jeden Preis!"

Kiew selbst hat in den letzten Wochen allen Glanz einer Metropole verloren. Die Stadt ist zur Festung im wahrsten Sinne des Wortes geworden. Tag und Nacht heulen die Granaten und rauschen die Bomben auf die Häuserviertel. Graue Rauchschwaden ziehen über die Dächer der Wohnviertel und über die Türme der vielen Kirchen. Das Leben in den Straßen ist längst erstorben. Die Zivilbevölkerung haust in den Kellern der Häuser, und dort, wo diese längst niedergebrannt sind, kampieren die Menschen mit ihrer wenigen Habe irgendwo im Freien. Die Straßen und Plätze sind in den Feuerpausen vom militärischen Treiben erfüllt. Da rollen Munitions-Lkw und Panjewagen mit Lebensmitteln zur Front. Sie begegnen langen Zügen der Sankas. Geschütze werden an Straßenecken in Stellung gebracht. Panzergräben sind ausgehoben, und die Pioniere verminen die Hauptstraßen der Stadt.

Stalin weiß, warum er den Befehl zur Verteidigung Kiews gab. Er ist klug genug, um zu erkennen, daß das Halten der Stadt keinen strategischen Gewinn mehr bedeutet. Doch Kiew ist ein Teil der Geschichte Rußlands. Es ist für Stalin zu einer Prestigefrage geworden, daß über Kiew weiter die russische Fahne weht.

Die Stadt auf dem rechten, fast 100 m hohen Ufer an dem 600 m breiten Dnjepr ist nach der Legende von den drei Brüdern Kij, Schtschek und Choriw gegründet worden und hat von dem ersten ihren Namen erhalten. Die Waräger aus Nowgorod eroberten 864 die Siedlung, die bereits 882 vom Großfürsten als Regierungssitz erkoren wurde. Wladimir der Heilige machte Kiew 106 Jahre später zum geistlichen Mittelpunkt des ganzen Landes. Dann kamen die Mongolen und zerstörten 1240 Kiew restlos. Damit schwand vorerst die Bedeutung der Stadt, die später aus Trümmern wieder erstand. 1320 fiel sie an Litauen, 1569 an Polen und 1686 an das Zarenreich zurück. Kiew war in den Jahren 1917 — 1919 die Hauptstadt der unabhängigen

Die ersten Teile des XXIX. Armeekorps dringen am Morgen des 19. September von West und Süd in die Hauptstadt der Ukraine ein.

Ein schweres Maschinengewehr ist auf dem Dach der Zitadelle in Stellung gegangen, um den Schutz zu übernehmen.

Es ist 11.00 Uhr am 19. September, als auf der Zitadelle von Kiew die Reichskriegsflagge gehißt wird.

Ukraine und wurde von den Sowjets 1934 zur Hauptstadt der Ukrainischen Sowjetrepublik erhoben.

Kiew zählte 1939 insgesamt 846 000 Bewohner, deren Heimatstadt zum kulturellen und wirtschaftlichen Zentrum der Ukraine geworden war. Kiew hatte eine Universität, Museen, Bibliotheken, Industriefirmen aller Zweige und im Hafen eine Werft. Moderne Geschäftsviertel und Hochhäuser siedelten sich um das auf der Hochfläche liegende Altstadtviertel an.

Die Zitadelle der Festung gehört zum Stadtteil Leninsk, dem früheren Petschersk. Die Festung war im 11. Jahrhundert als Höhlenkloster entstanden. Dieses Kloster mit dem Namen „Petsherskaja Lowra" ist das älteste und bedeutendste Kloster Rußlands. Heute allerdings werden keine Messen mehr gelesen und Andachten zelebriert; heute werden Geschütze einbetoniert und Stacheldraht gezogen — denn aus dem Kloster ist eine waffenstarrende Festung geworden.

Das deutsche AOK 6 schlägt der Heeresgruppe am 15. 9. 1941 vor, den Angriff auf Kiew nun auch vom Westen her zu beginnen. Da der Gegner im Brückenkopf, besonders an artilleristischen Kräften geschwächt ist, glaubt die Armee, daß der eigene Stoß durchschlägt. Das XXIX. AK., das am 15. 9. über 75., 95., 296., 299. ID. und 99. lei.Div. verfügt, muß diesen Angriff durchführen.

Die deutschen Divisionen greifen nach erheblicher Artillerievorbereitung am 16. 9. die stark befestigten, verminten und mit schweren Waffen bestückten russischen Stellungen an. Der Kampf ist wiederum äußerst zäh und hinterhältig, doch weist er bei weitem nicht die Härte wie im Juli auf. Es scheint, daß die Widerstandskraft der Sowjets erheblich nachgelassen hat. Am 17. 9. gibt Stalin endlich den Befehl zur Räumung Kiews.

Das XXIX. AK., später noch durch 71. und Teile der 294. ID. verstärkt, ist bereits in das erste Stellungssystem eingebrochen. Die 299. ID. nimmt am 18. 9. Gatnoje. Die Soldaten werden in diesem Ort stürmisch von der Bevölkerung begrüßt, die nun offen ihre Sympathien den Deutschen zuwendet. Die rechts daran anschließend vorgehende 99. lei.D. drückt ebenfalls scharf nach Norden und gelangt über Chotow hinaus bis in das Vorgelände von Kiew. Die 95. ID. geht am Westufer des Dnjeprs vor. Sturmtruppen setzen mit Motorbooten über den Fluß nach Osten. Die Russen versuchen südlich Kiew, sich mit herangekommenen Kanonenbooten über den Dnjepr abzusetzen. Deutsche Artillerie vernichtet 27 dieser Boote!

Der russische Widerstand in den Außenwerken der Festung erlahmt jetzt zusehends. In der Stadt selbst bricht eine Panik aus. Die Sowjets sprengen am 19. 9. alle Dnjeprbrücken. Die militärischen und politischen Befehlshaber verlassen Kiew im Flugzeug. Die russischen Truppen räumen an diesem Tag das Festungsvorfeld im Westen der Stadt. Die Stoßtrupps der in 60 km Front am Irpen aufmarschierenden 71. ID. stellen am Ostufer des Irpen einen 12 km breiten Abschnitt fest, der von den Sowjets in der Nacht verlassen wurde.

Die 296. ID. (Generalmajor Stemmermann) setzt am 19. 9., 6.00 Uhr, den Angriff zwischen Dnjepr und Guta Meshigorskaja nach Süden fort. Das Vorgehen am Westufer des Dnjeprs verläuft flüssig. Die Kämpfe um die Bunkerlinie südlich Demidowo — am rechten Divisionsflügel — sind dagegen äußerst hart und verlustreich. Erst nach zwei Stunden fällt Guta Meshigorskaja. Jetzt ziehen sich die Sowjets fluchtartig nach Kiew zurück. Die Regimenter der 296. ID. stoßen sofort nach. Die Soldaten von IR. 519, 520, 521 und der übrigen Divisionseinheiten haben drei Stunden später das 26 km tiefe Festungsgelände im Norden Kiews durchbrochen und rücken in die Hauptstadt der Ukraine ein!

Zur gleichen Zeit ist von Süden her die 95. ID. (Generalleutnant Sixt von Arnim) westlich des Dnjeprs bis an den Südrand von Kiew herangekommen. Der Angriffsschwung der Männer von IR. 278, 279 und 280 ist der gleiche wie der, der von den Soldaten der 99. lei.D. (Generalleutnant von der Chevallerie) gezeigt wird. Beide Divisionen dringen zwischen Dnjepr und der von Biala Zerkiew nach Kiew führenden Straße in den Südteil

Verlassen liegen die Verteidigungsgräben der russischen Soldaten, als am Nachmittag des 19. September die letzten Schüsse im Raum Kiew verhallen und die Stadt zur Etappe wird.

Leere Barrikaden in den Geschäftsstraßen von Kiew . . .

Die ukrainische Bevölkerung findet sich schnell mit den Tatsachen ab und am 22. September (an diesem Tag fotografierte ein PK-Mann diese Straßenszene) genießen die Männer und Frauen

die Ruhe nach der Schlacht. Das in ihrem Rücken befindliche Plakat, das einen Sowjetsoldaten bei der Vernichtung einer Hakenkreuz tragenden Schlange zeigt, stört überhaupt nicht mehr.

Kiews ein! Damit stoßen in derselben Stunde von Norden und Süden deutsche Truppen konzentrisch in die Stadt und zur Festung vor. Stoßtrupps der 95. und 296. ID. stehen kurz nach 10.00 Uhr vor der Zitadelle — und 11.00 Uhr entfaltet sich die blutrote Reichskriegsflagge über der ukrainischen Metropole!

Die vom Westen angreifende 71. ID. (Generalmajor von Hartmann) kann nun dank der glückhaften Vorstöße rechts und links ihres eigenen Abschnitts in ganzer Frontbreite über den Irpen gehen. Die Regimenter wetteifern, so schnell wie möglich nach Kiew zu kommen. Das II./IR. 211 ist bei Gorenitschi, südlich der Rollbahn, über den Irpen gegangen und dringt in einem Zuge auf der gut ausgebauten Straße nach Osten. Die 71. ID. steht am frühen Nachmittag des 19. 9. in Kiew. Die Hauptstadt der Ukraine ist in deutscher Hand!

Der Kampf um Kiew geht am Nachmittag zu Ende. Das gesamte XXIX. AK. strömt in die Stadt, von der ukrainischen Zivilbevölkerung als Befreier begrüßt. Während RAD-Gruppen und Baubataillone an die Aufräumungsarbeiten und an den Bau einer Straßenbrücke gehen, stürmen die Divisionen aus der Stadt weiter nach Osten. Die 71. ID., die äußerst schwere Verluste erlitt — 46 Offiziere, 916 Mann gefallen; 108 Offiziere, 3 150 Mann verwundet —, wird zurückbehalten und später zur Auffrischung nach Frankreich verlegt. Die 95. ID. stellt schon am nächsten Tag mit der von Norden kommenden 56. ID. bei Browary, dem ehemaligen Hauptquartier von Generaloberst Kirponos, die Verbindung her. Damit liegt Kiew hinter der Front . . .

Der Bericht des OKW meldet am 20. 9.:

> „Wie durch Sondermeldung bekanntgegeben, hatten deutsche Infanteriedivisionen, von der Luftwaffe unterstützt, nach mehrtägigen Kämpfen den stark ausgebauten Befestigungsgürtel von Kiew auf dem Westufer des Dnjepr durchbrochen. In kühnem Angriff drangen sie am gestrigen Tage zusammen mit dem weichenden Gegner in die Stadt ein und hißten auf der Zitadelle die Reichskriegsflagge . . .!"

8. Das Ende der „Südwestfront"

Das OKW gibt am 19. 9. 1941 bekannt:

„Die konzentrischen Angriffsoperationen der Heeresgruppen des Generalfeldmarschalls von Rundstedt und des Generalfeldmarschalls von Bock haben nunmehr ... zu einer neuen, gewaltigen Umfassungsschlacht geführt. Im Anschluß an die Schlacht von Gomel waren starke Kräfte gegen den Ober- und Unterlauf der Dessna vorgestoßen, um in hartnäckigen Kämpfen den Übergang über den Fluß zu erzwingen. Von hier aus wurde der Angriff nach Süden fortgesetzt, um einer Kräftegruppe die Hand zu reichen, die den Dnjepr beiderseits Krementschug unter schwierigsten Verhältnissen in 120 km Breite überwunden hatte und zum Angriff nach Norden angesetzt worden war. Seit dem 13. 9. ist die Vereinigung dieser Kräfte 200 km ostwärts von Kiew vollzogen. Um vier sowjetische Armeen ist damit der Ring geschlossen. Ihre Vernichtung ist im Gange."

Die Weltöffentlichkeit erfährt damit am 19. 9. zum erstenmal von der Schlacht ostwärts Kiew, die allerdings schon so gut wie beendet ist. Die sowjetische Heeresgruppe „Südwestfront" existiert praktisch am 19. 9. als geschlossener Großverband nicht mehr. Das Phänomen dieser Schlacht ist einmalig und hat sich in dieser Art bei den späteren Kesselschlachten des 2. Weltkrieges (Stalingrad, Heeresgruppe Mitte, Ruhrkessel) nie wiederholt.

Das Ende der Heeresgruppe des Generalobersten Kirponos in den Sümpfen, Wäldern und Feldern der Ostukraine kann nicht mit logischem, militärischem Denken gemessen werden. Die Heeresgruppe, die sich trotz aller Rückschläge seit dem 22. Juni immer noch als tatkräftiger und örtlich teilweise überlegener Gegner erwiesen hat, bricht in dem Augenblick zusammen, als zwischen Lochwiza und Lubny der Kessel geschlossen wird. Nur noch wenige Tage ist ein Zusammenhalt der russischen Armeen, Korps und Divisionen zu erkennen. Am 19. September, am Tag der Eroberung Kiews, geht dieser Zusammenhalt endgültig verloren.

Ein deutscher Generalstabsoffizier hat ein Jahrzehnt später dieses Phänomen mit den folgenden Worten gekennzeichnet.

„Fast zur selben Stunde, als auf der Zitadelle von Kiew die deutsche Kriegsflagge hochging, regten sich erstmals verzweifelte Ausbruchsversuche der in drei Teilkessel aufgespaltenen und zusammengedrängten roten Massen. ... Sie mußten in der taktischen Krise ohne Erfolg bleiben. Es schien der zeitliche Zusammenhang beider Ereignisse — der Fall von Kiew als Signal für den Ausbruch — nicht zufällig zu sein. Denn mit Kiew schwand die letzte Hoffnung auf Rettung. Könnte sonst auch die Tatsache des Zusammenströmens der stärksten Feindgruppe nach dem Raum von Kiew noch nach der vollendeten Einschließung im Osten eine andere Deutung finden, als strahlte von dort her eine fast magische Anziehungskraft aus auf alle roten Truppen im weiten Umkreis — es sei denn, daß allerhöchster Befehl sie hinrief und hielt, selbst um den Preis eines noch so hohen Opfers!"

Das Ende der russischen Heeresgruppe „Südwestfront" vollzieht sich in rasanter Schnelligkeit und ist weder durch magische Anziehungskraft noch durch allerhöchsten Befehl gegeben, sondern einfach durch die Tatsache eines plötzlichen Zusammenbruchs, der im Chaos endet!

Generaloberst Kirponos hat seit dem 18. 9. keinerlei Befehlsgewalt mehr über seine Armeen. Der Gefechtsstand der sowjetischen Heeresgruppe liegt am Morgen dieses Tages in Gorodischtsche. Da es nichts mehr zu befehlen gibt, sämtliche Verbindungen zu den AOKs abgerissen sind und deutsches Artilleriefeuer die Unterkunft beschießt, befiehlt der Generaloberst die Auflösung des Gefechtsstandes.

Er bildet aus seinem Stab, aus dem Stab des AOK 5, aus Sicherungsverbänden und Teilen der 289. Schtz.Div. zwei Kampfgruppen, die sich getrennt nach Osten durchschlagen sollen. Generalmajor Bagramjan (der spätere Marschall der UdSSR) faßt eine Gruppe von 3000 Mann zusammen. Die zweite Gruppe, bei der sich Generaloberst Kirponos befindet, ist 800 Mann stark. Diese beiden Kampfgruppen begeben sich nun auf einen beschwerlichen Marsch nach Osten, um irgendwo im Abschnitt Romny Verbindung zu den von Osten angreifenden sowjetischen Truppen zu finden.

Zur selben Zeit steht Marschall Budjenny — bei seiner Abmeldung als Oberbefehlshaber nach Sibirien — vor Stalin und dem Kriegsrat des Oberkommandos der „Roten Armee". Der Marschall ist über den Verlust seiner Armeen vollkommen verzweifelt. Nur den beruhigenden Worten Stalins gelingt es, den alten Kriegskameraden vor dem Selbstmord zu bewahren. Doch Marschall Schaposchnikow, der selbst nicht unschuldig an dem Debakel in der Ostukraine ist, wirft dem Kosakengeneral „phantastische Strategie, die zur vernichtenden Niederlage führt", vor!

Die Niederlage der Heeresgruppe „Südwestfront" läßt sich am 18. 9. selbst nicht mehr in Moskau leugnen — und am 19. 9. wird sie vom Bericht des OKW weltweit angekündigt.

Der große Kiewer Kessel besteht bereits aus mehreren Teilkesseln. Feindliche Verbände halten sich am 20. 9. noch um Borispol, nordwestlich Lubny, bei Lochwiza und um Soltonoscha nördlich Tscherkassy. Jede russische Division, jedes Regiment, jedes Bataillon, jede Kompanie, ja jede Gruppe versucht, sich irgendwie nach Osten durchzuschlagen. Hunderte von sowjetischen Soldaten fallen unter den Bomben deutscher Kampfflugzeuge; Hunderte werden von Granaten, MG-Geschossen und Handgranaten zerrissen; Hunderte gehen elend in den Sümpfen und in den Urwäldern zugrunde; Hunderte vegetieren wie Tiere im Dickicht und Moor weiter, bis sie vor Hunger sterben; Tausende und Abertausende ergeben sich apathisch in ihr Schicksal.

Keiner weiß, wo die Soldaten der „Südwestfront" geblieben sind und wie ihr Ende war. Nur von wenigen Verbänden, Kampfgruppen und Personen läßt sich der Weg bis zum Untergang oder bis in die Freiheit verfolgen.

Die Kampfgruppe des Generalmajors Bagramjan kämpft sich am 19. und 20. 9. bis in den Raum Ssentscha. Hier stößt sie zum

Das Schlachtfeld zwischen Dessna und Dnjepr vom Flugzeug aus gesehen.

"Mit Mann und Roß und Wagen" . . . die materiellen Überraste der sowjetischen Heeresgruppe "Südwestfront".

Russische Granatwerfer, nach der Kesselschlacht gesammelt, warten auf Kiews Straßen zum Abtransport.

Ein Gruppenbild aus der Schar der fast 700.000 russischen Soldaten, die den bitteren, ungewissen Weg in die Gefangenschaft antreten.

erstenmal auf deutsche Truppen. Die Gruppe wird zersplittert, auseinandergerissen, vertrieben. Als Generalmajor Bagramjan am 24. 9. bei Gadjatsch auf sowjetische Verbände trifft, zählt seine einst 3000 Mann starke Kampfgruppe noch 50 Offiziere und 52 Mann!

Nur wenigen russische Einheiten gelingt der Weg nach Osten. Darunter befinden sich u. a. Generallt. Kusnezow, der OB. der 21. Armee, mit seinem Stabschef, Generalmajor Gordow, und seinem Kriegsrat, Generalmajor Kolonin. Der OB. der 26. Armee, Generallt. Kostenko, und sein Kriegsrat, Kolesnikow, finden ebenfalls Anschluß an eigene Truppen. Generallt. Wlassow, OB. der 37. Armee, ist gleichfalls davongekommen. Er wird von Stalin nach Moskau befohlen, um hier die 20. Armee zu übernehmen. Von Generalen der „Roten Armee" schlagen sich sonst noch auf abenteuerlichen Wegen durch: die Generalmajore Moskalenko, Korsun, Lopatin, Shmatschenko und der Brigadegeneral Borissow, der mit seinen 4000 Kavalleristen die stärkste Gruppe bildet, die den deutschen Ring aufbrechen kann.

Generaloberst Kirponos, der OB. der Heeresgruppe, bleibt für immer im Kessel zurück. Seine Kampfgruppe wird bereits am 18. 9. von den Divisionen des XXIV. AK. mot. im Walde von Schumeikowo gestellt und auf Drjukowtschina zurückgedrängt. Generalmajor Potapow, OB. der 5. Sowjetarmee, gerät in Gefangenschaft. Generaloberst Kirponos führt mit den Resten seiner Gruppe den Kampf in den dichten Wäldern weiter. Er hat nur noch wenige Soldaten und Offiziere um sich, als am 22. 9. deutsches Artilleriefeuer die Gruppe zersprengt. Generaloberst Kirponos wird durch Granatsplitter tödlich verwundet. Sein Stabschef, Generalmajor Tupikow, und sein Kriegsrat Burmistenko fallen am selben Tag.

Der Untergang der Heeresgruppe „Südwestfront" setzt nicht nur den Schlußstrich unter das Leben Tausender russischer Soldaten, sondern auch unter das Leben vieler Volksdeutscher, die in den Strudel der Kesselschlacht gerissen worden sind. Ihr Einsatz kann durch ein Beispiel dargestellt werden, das damit gleichzeitig stellvertretend für alle Menschen deutschen Blutes stehen soll, die in der UdSSR geboren und aufgewachsen sind.

Das sowjetische Oberkommando hat Ende August erkennen müssen, daß die deutschen Armeen den gesamten Dnjeprbogen besetzen und nunmehr vor dem ukrainischen Industriegebiet aufmarschieren. Diese Industrie ist aber für die Aufrechterhaltung der militärischen Schlagkraft wichtig und darf deshalb niemals in die Hände der Deutschen fallen. Das Oberkommando in Moskau ordnet daraufhin rigorose Maßnahmen zum Schutz des Industriegebietes an. Kommandeure werden im rückwärtigen Frontgebiet eingesetzt, die unumschränkte Befehlsgewalt über alle militärischen und zivilen Kräfte erhalten, die am Bau einer Dnjeprverteidigung arbeiten. Eine zweite Verteidigungslinie entsteht in der Linie Sumy — Charkow — Poltawa.

Die Sowjets befehlen zum Ausbau dieser Stellungssysteme nicht nur die ortsansässige Zivilbevölkerung, sondern transportieren ganze Kolchosen und Komsomolzengruppen aus allen Teilen des Landes heran. Die Volksdeutschen in den Dörfern an der Wolga und im nördlichen Kaukasus werden am 3. 9. überraschend eingezogen. Die Volksdeutschen aus Naltschik werden sofort zum Verladebahnhof gebracht und laden bereits vier Tage später in Lazurki, südostwärts Pirjatin, aus. Der Einsatz dieser Gruppe zum Stellungsbau erfolgt noch in der selben Nacht an der Orshiza im Abschnitt Solutschi.

Die Sowjets haben in diesen Tagen insgesamt 50 000 (!) Volksdeutsche in das rückwärtige Gebiet der Heeresgruppe „Südwestfront" geschafft! Diese Volksdeutschen arbeiten in zwei großen Gruppen an der Fertigstellung einer rückwärtigen Linie. Die größere Gruppe von ca. 30 000 ist bei Njeschin, nordostwärts Kiew, eingesetzt. Die zweite Gruppe von 19 000 Mann liegt im Raum Pirjatin — Orshiza.

Die geplanten Befestigungslinien werden niemals fertig. Deutsche Bombenflugzeuge greifen immer wieder die arbeitenden Gruppen an. Bald explodieren auch deutsche Granaten inmitten der neuerrichteten Bunker und Panzergräben. Die russischen

Bewachungsmannschaften sind von großer Unruhe erfaßt, so daß es den Volksdeutschen gruppenweise gelingt, sich selbständig zu machen und die Flucht anzutreten.
Die Gruppe der Volksdeutschen aus Naltschik rückt am 14. 9. nach Pirjatin ab. Hier stoßen die Männer auf Sicherungen von NKWD-Truppen und weichen deshalb nach Osten aus. Bei Tscherewki, westlich Lubny, hält noch einmal russische Kavallerie die Deutschen an. Die Gruppe splittert mehr und mehr auf. Ein Teil gelangt bis Lubny und weiter bis zum Udaj. Sowjetische Offizierspatrouillen fragen mehrmals nach dem „Woher — Wohin?" Doch immer wieder kommen die Deutschen durch. Am Udaj geht es aber nicht mehr voran. Da ist es ein alter einheimischer Russe, der sich als Führer anbietet. Er bringt am Morgen die Volksdeutschen aus Naltschik über den Fluß. Da stehen Panzer mit dem Eisernen Kreuz — gerettet!
Viele kommen nicht durch. Russen, Tartaren, Kirgisen, Kosaken, Wolgadeutsche, Georgier, Asserbeidschaner, Litauer und Aberhunderte und Abertausende aus allen Teilen der Sowjetunion bleiben irgendwo im großen Dreieck zwischen Dessna — Dnjepr — Ssula zurück. Die Ostukraine ist zu einem riesigen Friedhof geworden. Ein Mitkämpfer dieser Tage beschreibt den Anblick:

> „... ein Chaos ist zurückgelassen. Hunderte von Lkw und Pkw liegen verstreut im Gelände. Oft sind die Insassen beim Aussteigen vom Feuer überrascht worden und hängen verbrannt als schwarze Mumien aus den Türen. Um die Fahrzeuge herum liegen Tausende von Toten, in den Feldern Körperreste ..."

Die letzten Gruppen kämpfender Russen lösen sich selbst auf. Sie zerstören ihre Kraftfahrzeuge, Geschütze, Zelte und sonstigen Habseligkeiten. Rauchwolken wälzen sich über die Mais- und Sonnenblumenfelder, quellen aus Wald und Dickicht empor und lassen Häuser wie lodernde Fackeln abbrennen. Viele Sowjets verbringen die Minuten vor der Gefangennahme mit Geschrei und Gejohle, trinken hastig die Wodkaflaschen leer und jagen die letzten Schüsse aus ihren Karabinern und MGs aufs Geratewohl in den Himmel.

Die Heeresgruppe „Südwestfront" hat einen vollkommen unsoldatischen Untergang gefunden!

Die Schlacht um Kiew ist beendet!

Die größte Kesselschlacht des 2. Weltkrieges ist geschlagen!

Die klassischste Vernichtungsschlacht der Geschichte klingt am 24. 9. 1941 aus . . .

*

Zurück bleiben die Erinnerungen, Zahlen und die Auseinandersetzungen der Militärs und Historiker über Sinn oder Unsinn dieser Schlacht. Doch damals, 1941, ist davon noch nichts zu merken.

Die Geschichtsschreibung von Freund und Feind hat eigenartigerweise die Schlacht um Kiew kaum zur Darstellung gebracht. Deutsche Würdigungen bezeichnen diese Episode als größte Vernichtungsschlacht des Zweiten Weltkrieges, die allerdings für den weiteren Ablauf des Ostkrieges nur eine „negative" Bewertung findet. Sowjetische Historiker und Militärs schweigen sich naturgemäß aus. Es finden sich in den neuesten russischen Büchern kaum Angaben über diese Schlacht, da man nicht gewillt ist, eine Niederlage einzugestehen.

Das offizielle Werk über den „Großen Vaterländischen Krieg" leugnet zwar nicht das Geschehen in der Ostukraine, bagatellisiert es aber. So wird u. a. behauptet, daß die deutschen Abschlußergebnisse keineswegs stimmen. Die sowjetische Heeresgruppe „Südwestfront" soll — nach Moskauer Angaben — über 677 085 Mann verfügt haben. Von diesen Soldaten wären bis Ende September 150 541 Offiziere und Mannschaften aus dem Kessel ausgebrochen. Da die Heeresgruppe seit Anfang September in ununterbrochenem verlustreichen Kampf gestanden hätte, könnten demnach höchstens 200 000 Mann in deutsche Gefangenschaft geraten sein!

Diese russischen Angaben werden sofort entkräftet, wenn man die Meldungen der verschiedenen an der Kesselschlacht operierenden deutschen Kräfte berücksichtigt. Es ist selbstverständlich, das eventuelle Überschneidungen unmöglich sind —

aber jeder, der die Schlacht um Kiew miterlebt hat, wird von den riesigen Zügen sowjetischer Gefangener berichten können.

Die Pz.Gruppe 1, in deren Abschnitt am 23. 9. die Kämpfe ausklingen, meldet bis zum 21. 9. eine Zahl von 43 000 Gefangenen. Die 6. Armee, bei der die letzten Gefechte am 25. 9. stattfinden, berichtet von 63 000 Gefangenen, die bis zum 21. 9. eingebracht sind. Die Mehrzahl der russischen Soldaten ergibt sich allerdings erst nach Beendigung der Schlacht, als jede feindliche Einheit längst ihren Zusammenhalt verloren hat. Das XXXXVIII. AK. mot. meldet bis Ende des Monats September die Zahl von 109 097 Gefangenen; das sind mehr Gefangene, als in der Tannenbergschlacht 1914 überhaupt gemacht wurden!

Dasselbe Bild zeichnet sich bei der Pz.Gruppe 2 ab. Die Pz.-Gruppe zählt in der Zeit vom 25. 8. — 21. 9. insgesamt 82 000 Gefangene. Davon entfallen auf das XXIV. AK.mot. 31 000, von denen wiederum die 3. PD. 18 000 für sich verbuchen kann.

Die Infanteriedivisionen an anderen Abschnitten stehen den Panzerdivisionen nicht nach. Die 45. ID. bringt im Raum Jagotin 16 226 Gefangene ein, und die 24. ID. meldet an der Orshiza 35 000 Gefangene! Die Regimenter der verschiedenen Divisionen berichten ebenfalls über enorme Erfolge. Das SR. 394 (3. PD.) kann allein vom 18. — 22. 9. ca. 9 000 Mann gefangennehmen. Das Regiment „Der Führer" (SS-Div. „Das Reich") meldet 15 000 Gefangene und das IR. 421 (125. ID.) gleich 19 000 Gefangene!

Der Verlust an feindlichem Kriegsmaterial ist erheblich. Es mögen hier nur folgende Zahlen genannt sein: Die Pz.Gruppe 2 hat zerstört bzw. erbeutet: 220 Panzer und 850 Geschütze. Das XXIV. AK.mot. vernichtet ferner 23 Pak und 6 Flakgeschütze. Detaillierte Angaben liegen von 24. und 45. ID. vor. Die sächsische 24. ID. verbucht als Erfolg: 62 Geschütze, 4 500 Kraftfahrzeuge, 1 200 bespannte Fahrzeuge und 400 Pferde. Die ostmärkische 45. ID. meldet die Vernichtung bzw. Erbeutung von 50 Geschützen, 3 Pak, 32 Minenwerfern, 52 MG, 3 Transport- und 4 Panzerzügen.

Die Luftwaffe ist selbstverständlich mit den eingesetzten Verbänden maßgeblich an den Erfolgen beteiligt. Leider fehlen bis zum heutigen Tage über diesen Einsatz die entsprechenden Angaben. Es sind lediglich die Erfolgszahlen des Jagd-Geschw. 77 bekannt, die hier stellvertretend für die Erfolge aller fliegenden Staffeln sowie der Flak-, Luftnachrichten- und Luftbautruppen stehen sollen. Das JG. 77 hat unter seinen Kommandeuren, Oberstlt. Handrick und Major Woldenga, vom 22. 6. — 21. 9. insgesamt 2 700 Einsätze mit 11 000 Flugstunden geflogen. Hierbei schossen die Jäger 729 Feindmaschinen ab. Der Abschuß von weiteren 88 Flugzeugen ist wahrscheinlich. Das Geschwader hat ferner 183 sowjetische Flugzeuge am Boden zerstört und in 165 Tiefangriffen 15 Panzer, 100 Kraftfahrzeuge, 8 Lokomotiven, 1 Munitions- und 5 vollbeladene Güterzüge vernichtet.
Der Abschlußbericht des OKW über die Schlacht von Kiew, der am 27. 9. veröffentlicht wird, lautet:

> „Wie bereits durch Sondermeldung bekanntgegeben, ist die große Schlacht bei Kiew beendet. In doppelseitiger Umfassung auf gewaltigem Raum ist es gelungen, die Dnjepr-Verteidigung aus den Angeln zu heben und fünf sowjetische Armeen zu vernichten, ohne daß auch nur schwache Teile sich der Umklammerung entziehen konnten.
> Im Verlaufe der in engstem Zusammenwirken von Heer und Luftwaffe durchgeführten Operation wurden insgesamt 665 000 Gefangene eingebracht, 884 Panzerkampfwagen, 3 718 Geschütze und ungezählte Mengen an sonstigem Kriegsmaterial erbeutet oder vernichtet."

Zu diesem Zeitpunkt, als die Worte durch den Äther klingen und in Zeitungen und Zeitschriften zu lesen sind, bereitet sich das deutsche Ostheer zur letzten Kraftentfaltung im Jahre 1941 vor. Die Pz.Gruppe 2, die bereits am 19. 9. den Vorbefehl zur Bereitstellung für die Offensive auf Moskau erhalten hat, gliedert sich seit dem 23. 9. zu diesem Angriff um. Die Divisionen, die bisher noch mit Front nach Westen und Süden stehen, drehen nach Osten und Nordosten und marschieren in den Raum Romny — Gluchow ab.

Der Oberbefehlshaber des Heeres, Feldmarschall von Brauchitsch, erläßt am 27. 9. einen Tagesbefehl an die Heeresgruppe Süd, die die Hauptlast der Kämpfe getragen hat:

„Vor wenigen Wochen sprach ich in meiner Anerkennung für das in der Schlacht von Uman Geleistete die Erwartung aus, daß die damals errungenen Erfolge die Voraussetzung für weitere siegreiche Taten der Heeresgruppe bedeuten möchten. Diese sind nun in der Schlacht zwischen Dessna und Dnjepr in einem Umfange eingetreten, wie sie in der Kriegsgeschichte selten vorkommen. In einer unter der bewährten Führung des Oberbefehlshabers der Heeresgruppe, Generalfeldmarschall von Rundstedt, durchgeführten Umfassungsschlacht ist es gelungen, rund 50 feindliche Divisionen zu vernichten und sich damit den Weg in die Tiefe des russischen Raumes freizumachen.

Ich spreche der Führung der Heeresgruppe und allen nachgeordneten Kommandobehörden meine volle Anerkennung aus für die in so vorbildlicher Weise angelegte und durchgeführte Operation. Allen an dieser Schlacht beteiligten Truppen sage ich vollsten Dank und höchste Anerkennung für das, was sie wieder geleistet haben.

Noch ist der Feldzug nicht zu Ende! Noch harren der Truppen der Heeresgruppe größte Aufgaben. Ich weiß, daß jeder Einzelne bestrebt sein wird, sein Bestes herzugeben, um sie zu lösen!"

SIEG OHNE ENTSCHEIDUNG

Hat Kiew Moskau gerettet?

Es existieren am 29. 9. 1941 im großen Frontbogen zwischen Dessna und Dnjepr keine russischen Verbände mehr, sondern nur noch ihre Trümmer. Die Heeresgruppe Süd hat sich den freien Raum zur Fortsetzung der Offensive nach Osten und Südosten erkämpft. Die Panzerverbände der Pz.Gruppe 2 sind nach Norden abgerückt, um sich zum „Unternehmen Taifun", dem Angriff auf Moskau, aufzustellen. Die Sumpf-, Wald- und Steppenlandschaft zwischen Romny, Kiew und Krementschug ist rückwärtiges Gebiet geworden.

Die deutsche Wehrmacht muß nun dafür Sorge tragen, daß die Trümmer der geschlagenen sowjetischen Heeresgruppe „Südwestfront" aufgeräumt werden, daß die Zivilbevölkerung zu einem normalen Leben zurückfindet, daß die Verkehrswege in Ordnung gebracht, Nachschubbasen gesichert und Banden vernichtet werden.

Diese Aufgaben im rückwärtigen Frontgebiet verbleiben den Sicherungstruppen der Heeresgruppe Süd. Die Dienststelle des Befehlshabers, General d. Infanterie von Rocques (Chef des Stabes: Oberst i. G. von Krosigk, Ia: Oberst i. G. Steinbeck), liegt in Kriwoi Rog. Die unterstellten Einheiten sind am 20. 9. von Süd nach Nord eingesetzt:

444. Sich.Div. (Generallt. Russwurm)
im Raum Kirowograd — Uman,
8. ungarische Grenzjäger-Brig.
im Raum westlich Uman,
213. Sich.Div. (Generallt. de l'Homme de Courbière)
im Raum Uman — Berditschew,
454. Sich.Div. (Generallt. Wilck)
im Raum Berditschew — Korosten,
SS-Kav.Brig. 1 (SS-Stand.fhr. Fegelein)
im Raum der Pripjetsümpfe.

Die Grenze des rückwärtigen Heeresgebietes verläuft am 20. 9. von Nikolajew längs des Bugs bis westlich Winniza, dann geradewegs nach Norden bis Sarny, von dort bis Dawidgrodek und quer durch die Pripjetsümpfe bis in den Abschnitt der Heeresgruppe Mitte.

Die sowjetischen Gebiete westlich dieser Linie gehören Ende September zum neugebildeten Reichskommissariat Ukraine. Der Wehrmachtbefehlshaber Ukraine, General d. Flieger Kitzinger (Chef des Stabes: Oberst i. G. von Krause, Oberquartiermeister: Oberstlt. i. G. Sichting), ist für alle militärischen Belange im Reichskommissariat verantwortlich. Die Befugnisse des Wehrmachtbefehlshabers sind bereits durch Erlaß Hitlers am 25. 6. 1941 festgelegt. Hier heißt es u. a.:

> „Den Wehrmachtbefehlshabern obliegt die militärische Sicherung des Gebietes im Innern und gegen überraschende Bedrohung von außen.
>
> Sie unterstützen die Reichskommissare bei ihren politischen und Verwaltungsaufgaben und vertreten ihnen gegenüber einheitlich die Forderungen der Wehrmacht, besonders auch hinsichtlich der Ausnutzung des Landes für die Versorgung der kämpfenden Truppe ..."

Der Wehrmachtbefehlshaber Ukraine verfügt Ende September für seine große Aufgabe in diesem riesigen Gebiet nur über wenige Sicherungsverbände, die niemals das gesamte Land zwischen der Grenze des Generalgouvernements und dem Bug lückenlos sichern können. Die 1. ungarische Gebirgs-Brig. und die slowakische Sich.Div. sind die einzigen Großverbände, die zu diesem Zeitpunkt dem Wehrmachtbefehlshaber unterstehen.

*

Die Fronttruppen des deutschen Heeres können sich nicht um diese „rückwärtigen Belange" kümmern, denn sie sind bereits nach einer neuen Weisung Hitlers zur Offensive auf Moskau angetreten. Hier stellt sich nun die Frage nach dem „Warum?" Hitler hat noch vor wenigen Wochen mit seiner Operationsweisung Moskau nicht als wichtig bezeichnet, sondern Leningrad, die Krim und den Kaukasus als Operationsziele genannt. Jetzt aber, nach Beendigung der Schlacht von Kiew, befiehlt Hitler, doch nach Moskau zu marschieren. Hat er sich den Forderungen und Vorstellungen des OKH gebeugt? Hat er selbst erkannt, daß mit der Freischlagung der Heeresgruppe Süd die Flankenbedrohung ausgeschaltet ist? Hat er erkannt, daß er noch vor Einbruch des Winters die langsam schwindende Chance des Enderfolges fassen will? Diese Fragen werfen den gesamten Komplex auf, der sich mit den Folgeerscheinungen der Vernichtungsschlacht um Kiew ergibt. —

Historiker und Militärs fanden bis heute nicht die Lösung zur Frage, ob mit Kiew der Ostkrieg verloren ging. Alle nachträglichen Erörterungen und Abwägungen ändern die Geschichte nicht mehr und können die Schuldfrage, wenn es eine solche überhaupt geben sollte, nicht mehr klären.

Der für das Ostheer aufgestellte Operationsplan „Barbarossa" ist nur in den ersten Wochen plangerecht durchgeführt. Dann wurde die Schwerpunktbildung des Heeres aufgelöst. Deshalb waren auch die Erwägungen, Absichten und Operationen der Heeresgruppe Süd nach der Schlacht von Uman durch zwei Faktoren bestimmt, die es bei Beginn des Feldzuges nicht gab: Erstens durch die neuen Operationsziele, die der Schwerpunkt-Heeresgruppe Mitte exzentrisch lagen, und zweitens durch die starke feindliche Kräftemassierung im Raum Kiew.

Als die große Offensive in Richtung Moskau beginnt, setzt schlagartig schlechtestes Herbstwetter ein, dem bald ein strenger Winter folgen wird. Kiew ist gewonnen – doch Moskau kann nie erreicht werden.

Die Schlacht um Kiew ist ausgeklungen. Die Truppen sammeln sich und ziehen in langen Kolonnen nach Osten. Ein neuer Großangriff steht bevor.

Jetzt – Ende September/Anfang Oktober 1941 – ist es kühler geworden. Wieder formieren sich die Infanteriedivisionen zur neuen Offensive, die sie nach Moskau bringen soll. Ein deutscher Stoßtrupp am 1. Oktober 1941 in einem Dorf ostwärts von Kiew.

Bei einer einheitlich in Richtung Moskau fortgesetzten Offensive hätte die Heeresgruppe Süd die Flanke der benachbarten Heeresgruppe Mitte abdecken sollen. Doch bevor es so weit kommen konnte, mußte erst die sowjetische Heeresgruppe „Südwestfront" aus dem Dnjepr-Dessna-Bogen geschlagen werden. Wäre das aber nicht gelungen und die Heeresgruppe Mitte nach Moskau marschiert, hätte eine Situation heraufbeschworen werden können, über deren Ausmaße damals und heute keine Klarheit zu gewinnen war und ist.
Die Heeresgruppe Mitte hätte vielleicht im Vorfeld von Moskau gestanden, die Heeresgruppe Süd aber noch am Dnjepr. Damit würde sich eine tiefe und lange, offene Südflanke der Heeresgruppe Mitte ergeben haben, die nur mit Dutzenden von frischen Divisionen geschützt werden konnte, die Deutschland nicht mehr besaß. Die Sowjets standen aber mit der neugebildeten Heeresgruppe „Brjansker Front" in der Südflanke und hätten sich dank der strategischen Fähigkeiten des Marschalls Timoschenko und des Generals Jeremenko nicht die Gelegenheit entgehen lassen, der Heeresgruppe Mitte in die Flanke zu stoßen!
Das Heeresgruppenkommando Süd erkannte — im Gegensatz zum OKH — rechtzeitig diese Gegebenheit und beabsichtigte demzufolge, erst den Südflügel der Heeresgruppe Mitte bzw. den eigenen Nordflügel freizukämpfen, ehe die Offensive auf Moskau weitergetrieben werden sollte. Das Kriegstagebuch der Heeresgruppe Süd verzeichnet am 1. 9. den Satz:

„Wer Moskau will, muß Budjenny geschlagen haben!"

Die gegenteilige Auffassung des OKH, daß der Verbrauch an Zeit und Kräften, die zur Schlacht bei Kiew benötigt würden, die Offensive der Heeresgruppe Mitte auf Moskau gefährdete, war ebenfalls berechtigt. Das OKH glaubte nicht an die Zähigkeit des russischen Verteidigungswillens und zögerte deshalb immer wieder mit der Genehmigung zum Schlagen der Schlacht. Das OKH war später der Ansicht, daß das Halten der „Südwestfront" im Dnjeprbogen der Preis für den Zeitgewinn und der Abwehr des deutschen Angriffs auf Moskau sei!

Es muß aber bezweifelt werden, daß die sowjetische Führung die Heeresgruppe „Südwestfront" bewußt als Opferpreis für Moskau stehen ließ. Die Abwehr der deutschen Offensive auf die russische Hauptstadt hätte sich auch anders bewerkstelligen lassen. Die feindlichen Armeen brauchten sich nur bis zur ausgebauten Ssulastellung zurückzuziehen. Damit wäre die Gefahr für die inneren Flügel der deutschen Heeresgruppen nicht ausgeschaltet, die Vernichtung der sowjetischen Kräfte aber zeitraubender und verlustreicher gewesen.
Wir kennen die letzten Gründe nicht, die Stalin zu seinem „Haltebefehl" trieben. Die heutige russische Geschichtsschreibung schweigt sich aus oder wirkt so polemisch, daß die dortigen Angaben unglaubhaft erscheinen. Vielmehr dürfte anzunehmen sein, daß Stalin — genau wie Hitler — bei seinen Überlegungen mehr an wirtschaftliche Belange dachte als an militärische. Eine freiwillige Aufgabe des Dnjeprbogens bedeutete für Stalin den Verzicht auf die landwirtschaftlichen und industriellen Nutzungsgebiete der Ukraine. So hielt er starr an seinem „Halten um jeden Preis" fest und spielte damit das Spiel seines Gegners.
Der wichtigste Markstein auf dem Wege zur Schlacht war der Entschluß des Feldmarschalls von Rundstedt, die 17. Armee aus dem Brückenkopf von Krementschug nach Norden anzusetzen. Als sich die Hoffnung des OKH, daß der Russe nach Osten ausweichen würde, nicht erfüllte, war die Schlacht unvermeidlich! Das Heeresgruppenkommando Süd war deshalb maßgeblich am Entstehen und Durchschlagen der Schlacht beteiligt. Das Heeresgruppenkommando hatte aus einem Halbkreis von mehr als 500 km Frontlänge seine Armeen von Norden, Westen und Süden herangeführt und die Sowjets zur Schlacht mit verkehrter Front gezwungen. Damit wurde der Zusammenhang der russischen Front in einer Breite von mehr als 200 km aufgerissen. Der Heeresgruppe Süd stand der Weg ins Donezbecken offen!
Eine Untersuchung der Frage, ob die Schlacht von Kiew im Sinne der Gesamtoperation am richtigen Orte und zur richtigen Zeit geschlagen worden ist, oder ob man sie hätte vermeiden können, kann nicht allein von der grundsätzlichen Weisung Hitlers vom

21. 8. 1941 abhängig gemacht werden! Die Auseinandersetzung mit diesem Fragenkomplex müßte bereits bei den Planungen zum „Unternehmen Barbarossa" einsetzen. Die Krise zwischen Hitler und OKH war weniger eine Führungskrise wegen zweifelhafter operativer Entschlüsse, sondern eine Krise der Gesamtkriegsführung, die es versäumt hatte, unter Ausnutzung aller Möglichkeiten Kräfte und Kampfmittel für den erfolgreichen Abschluß des „Unternehmens Barbarossa" bereitzustellen!

So bleibt noch die eine Frage: Warum wurde der Sieg von Kiew trotzdem verschenkt?

Stalin und das russische Oberkommando hatten nach dem Verlust der Schlacht von Kiew genau erkannt, daß letzten Endes der „Haltebefehl" die Schuld am Untergang der Heeresgruppe „Südwestfront" trug. Die russische Führung hat — im Gegensatz zu Hitler — daraus gelernt. Die sowjetischen Armeen blieben im Verlaufe des Ostfeldzuges nur noch dreimal im größeren Rahmen stehen, wobei die ersten beiden „Stehenbleiben" noch als Folgeerscheinungen des defensiven Denkens Stalins aufzufassen sind. Es handelte sich hierbei um das Ausharren größerer russischer Truppenverbände im Wolchowkessel und südlich Charkow im Winter und Frühjahr 1942.

Die russische Strategie machte aber im Sommer 1942 die große Wandlung durch. Jetzt gab es kein „Halten um jeden Preis" mehr. Die sowjetischen Armeen verstanden es, vor den angreifenden deutschen Truppen in die Tiefe des Hinterlandes auszuweichen. Es ging der russischen Führung nicht mehr um Prestigefragen, sondern um Abnutzung der deutschen Wehrkraft. Deshalb liefen sich die deutschen Offensiven schließlich auch bei Stalingrad und im Kaukasus tot.

Das letzte Halt, das Moskau seinen Truppen befahl, ist das Halt im Frontbogen von Kursk im Sommer 1943. Doch hier blieben die sowjetischen Truppen stehen, weil sie den deutschen Aufmarsch erkannt und sich selbst zur Gegenoffensive entschlossen hatten. Im Bewußtsein ihrer vollen Kraft und Überlegenheit wichen die russischen Armeen im Frontbogen von

Kursk nicht und brachten das „Unternehmen Zitadelle" — die letzte deutsche Offensive im Ostfeldzug — zum Erliegen.

Die Wandlung der sowjetischen Strategie nach vorn, die sich aufgrund der Lehren aus der verlorenen Schlacht um Kiew gebildet hatte, und die rückläufige Wandlung der deutschen, vielmehr Hitlerschen Strategie, nämlich ab 1942 „Halten um jeden Preis", haben schließlich den Ostfeldzug so beeinflußt, daß wohl mit Recht gesagt werden kann:

> Die von der sowjetischen Führung gezogene Lehre aus der Vernichtungsschlacht von Kiew hat Moskau und damit Rußland gerettet!

Nicht berührt davon bleibt der Opfermut, die Tapferkeit, der Gehorsam und die Disziplin des deutschen Soldaten, der sich nicht nur im Siegen überlegen gezeigt hat, sondern gerade in der Niederlage nicht von diesen allzeit gültigen Tugenden abgewichen ist!

Führungsstäbe der Heeresgruppe Süd

Heeresgruppenkommando Süd

OB.:	Feldmarschall von Rundstedt
Chef d. Stabes:	General d. Inf. von Sodenstern
Ia:	Oberstlt. i.G. Winter
Id:	Hptm. i.G. von Drabich-Waechter
Ib:	Oberst i.G. Schall
Ic/AO.:	Oberstlt. i.G. Kleikamp
Transportoffizier:	Major i.G. Schmidt

Außenstelle Süd des Generalquartiermeisters

O.Qu.:	Oberst i.G. Weinknecht
Qu. 1:	Hptm. Linke
Qu. 2:	Hptm. von Stocki
Kdr. d. Versorgungsbez.	Major i.G. Möller

Befehlshaber des rückwärtigen Heeresgebietes — 103

Bfh.:	General d. Inf. von Rocques
Chef d. Stabes:	Oberst i.G. von Krosigk

Deutsche Wehrmachtmission Rumänien

Bfh.:	General d. Kav. Hansen
Chef d. Stabes:	Oberst i.G. Hauffe
Ia:	Major d.G. von Unger
O.Qu.:	Major d.G. Merk

Deutscher General bei der Königl. Bulgarischen Heeresleitung

Chef:	Generalmajor Völkers
Ia:	Oberst i.G. Knesch

Anlage 2

Armee-Oberkommandos

(Stellenbesetzung am 22. 6. 1941)

6. Armee

OB.:	Feldmarschall von Reichenau
Chef. d. Stabes:	Oberst i.G. Heim
Ia:	Oberstlt. i.G. Voelter
Id:	Major i.G. Plock
Ic:	Major i.G. Paltzo
O.Qu.:	Oberstlt. i.G. Pamberg
Transportoffizier:	Major i.G. von Plato

11. Armee

OB.:	Generaloberst Ritter von Schobert
Chef. d. Stabes:	Oberst i.G. Wöhler
Ia:	Oberstlt. i.G. Busse
Id:	Major i.G. Stephanus
Ic:	Major i.G. Ranck
O.Qu.:	Oberst i.G. Hauck
Transportoffizier:	Major i.G. Schultes

17. Armee

OB.:	General d. Inf. von Stülpnagel
Chef. d. Stabes:	Oberst i.G. Müller
Ia:	Oberstlt. i.G. Wentzell
Id:	Hptm. i.G. Kuntzen
Ic:	Major i.G. Hoefs
O.Qu.:	Oberstlt. i.G. Goth
Transportoffizier:	Major i.G. Teske

Pz.Gruppe 1

Bfh.:	Generaloberst von Kleist
Chef. d. Stabes:	Oberst i.G. Zeitzler
Ia:	Major i.G. Stübichen
Ic:	Hptm. i.G. Graf zu Münster (ab 10. 9.)
O.Qu.:	Major i.G. Moeller-Althaus